Préfaces de Morgan Bourc'his,
Pierre Laplante et Denis Kaplan

Frédéric Lincker

Développer son intelligence situationnelle

Avec le Selfie-coach

interéditions

Couverture : Studio Dunod - Elizabeth Riba

NOUS NOUS ENGAGEONS EN FAVEUR DE L'ENVIRONNEMENT :

PAPIER CERTIFIÉ

Nos livres sont imprimés sur des papiers certifiés pour réduire notre impact sur l'environnement.

Le format de nos ouvrages est pensé afin d'optimiser l'utilisation du papier.

Depuis plus de 30 ans, nous imprimons 70 % de nos livres en France et 25 % en Europe et nous mettons tout en œuvre pour augmenter cet engagement auprès des imprimeurs français.

Nous limitons l'utilisation du plastique sur nos ouvrages (film sur les couvertures et les livres).

interéditions est une marque de Dunod Éditeur,
11 rue Paul Bert, 92240 Malakoff

ISBN : 978-2-7296-2481-1

PRÉFACES

Demander à une seule personne d'écrire ma préface aurait été trop limité quand je pense à tous ceux que j'ai pu croiser et qui ont été importants, parfois sans le savoir, dans l'écriture de ce livre. C'est pour cette raison que j'ai proposé à trois profils différents de partager leur regard sur les expériences qu'ils ont vécues. Chacun parlera d'un secteur sur lequel le Selfie-coach peut agir : la stratégie, l'opérationnel et la préparation mentale. Bien évidemment, il existe de nombreux autres secteurs d'activité qui utilisent déjà cet outil. Merci à tous ceux qui ont fait et feront encore confiance au Selfie-coach.

PRÉFACE POUR UNE UTILISATION STRATÉGIQUE PIERRE LAPLANTE[1]

En tant que dirigeant d'entreprise, on a la responsabilité de porter une vision et de la décliner dans une stratégie claire et compréhensible pour le développement et la pérennité de l'entreprise. En plus d'être un stratège, le dirigeant doit aussi être un leader qui inspire et qui se préoccupe du bien-être des femmes et des hommes de l'entreprise ! En fait, la réussite d'un dirigeant est aujourd'hui fortement liée à sa capacité à créer un état d'esprit et une culture d'entreprise qui lui permettent de former

1. Ex-Président de Cemex France, un des leaders mondiaux dans le secteur du ciment, du béton et des granulats ; ex-Directeur Général de Rector Lesage, un des leaders français dans le domaine de la préfabrication en béton.

des équipes capables d'exécuter sa stratégie, de s'adapter à son environnement et surtout de résister ensemble aux moments difficiles qui bousculent la vie de l'entreprise. Pour un dirigeant, c'est certainement la partition la plus difficile à jouer. C'est là qu'interviennent le talent et le savoir-faire de Frédéric Lincker !

J'ai rencontré Frédéric pour la première fois il y a plus de vingt ans. Il avait été sélectionné par le Groupe pour réaliser des formations aux équipes commerciales. J'étais alors Directeur d'une filiale régionale et je m'obligeais à introduire et à clôturer les formations. Lorsque j'ai conclu, un vendredi après-midi, la première formation dispensée par Frédéric, j'ai vu des collaborateurs enthousiastes qui, j'en suis certain, seraient restés le samedi pour une nouvelle journée de formation. À l'époque, il n'avait pas encore inventé et développé le Selfie-coach ! C'est là que j'ai compris que Frédéric était plus qu'un formateur ! C'est à partir de ce moment que notre collaboration a débuté.

Plus je progressais dans la hiérarchie du Groupe, plus je prenais conscience qu'il fallait bien évidemment avoir une bonne stratégie pour réussir, mais que sa bonne exécution par les équipes nécessitait un « accompagnement humain » pour permettre à chacun de bien s'identifier individuellement et collectivement au projet de l'entreprise. En fait, il fallait s'assurer que les personnes et les équipes avaient l'état d'esprit adapté et étaient motivées. Grâce à son talent et à son savoir-faire, Frédéric a toujours su accompagner, dans les entreprises que j'ai dirigées, les personnes à mieux se connaître et à mieux connaître les autres, ce qui a fortement contribué à créer ou à restaurer un état d'esprit gagnant au sein des équipes et à permettre ainsi une bonne appropriation et exécution du projet d'entreprise.

Je te remercie, Frédéric, pour l'excellent travail que tu as réalisé auprès des équipes que j'ai eu la chance de diriger. Quand je vois aujourd'hui toute la puissance du Selfie-coach, j'aimerais me retrouver vingt ans en arrière et pouvoir bénéficier de toute l'expertise que tu as réussi à mettre dans cet outil. Je ne peux que recommander à tous les dirigeants de te contacter pour étudier comment, toi et le Selfie-coach, pouvez les accompagner à créer l'état d'esprit adapté au sein de l'entreprise pour assurer son développement et sa pérennité.

PRÉFACE POUR UNE UTILISATION OPÉRATIONNELLE DENIS KAPLAN[1]

Dans l'imaginaire collectif, la réussite d'une entreprise est liée à la qualité des idées de ses dirigeants, et à l'aspect novateur de leur stratégie. L'exemple passé de Steeve Jobs ou l'histoire récente d'Elon Musk, semble confirmer cette croyance. Mais la réalité s'avère sensiblement différente : le succès d'un projet dépend beaucoup plus de la capacité du management à dérouler opérationnellement l'idée initiale, aussi géniale et révolutionnaire soit-elle. Si les experts en management avaient à évaluer l'importance des facteurs de réussite d'un projet, ils parleraient de 5 % pour l'idée initiale et de 95 % pour sa mise en œuvre.

Alors, pourquoi est-il si difficile de mettre en application un projet brillant et novateur ?

En effet, la logique voudrait qu'il suffise de donner des consignes aux collaborateurs pour que, ensuite, les équipes l'exécutent ! Cette théorie se heurte à l'évolution permanente et rapide du contexte : conjoncture économique, concurrents, départ des collaborateurs, conflits, etc. Ces imprévus nécessitent des ajustements constants. Sans surprise, ce sont les équipes les plus agiles, les plus alignées et par conséquent, les plus motivées qui s'en sortent le mieux. Les autres se contentent de remonter les problèmes à la direction en expliquant de façon très pertinente les raisons de leur échec.

Il n'est donc pas étonnant de penser que la clé du succès réside dans la motivation des équipes ! Combien de fois l'avons-nous constaté sur le plan personnel : nous réussissons souvent les choses qui nous motivent et échouons par manque d'envie.

Alors, si la motivation est la clé de voûte, la question centrale de tous les managers conscients du rôle du collectif devrait être : comment maintenir ses équipes motivées par le projet de l'entreprise ?

---

1. Directeur général dans le domaine de l'industrie. Auteur de *Le Management, une activité artistique*, Gereso Éditions, Le Mans, 2024.

Nos motivations sont très complexes et changeantes. Parfois, nous ne comprenons pas les nôtres et encore moins celles des autres ! Ceci pourrait constituer la définition même des relations humaines !

Frédéric Lincker a un parcours unique. Il connaît à la fois le monde de l'entreprise et celui des recherches comportementales universitaires tout en étant un magicien de spectacle. La somme de ses expériences et sa motivation sans faille lui ont permis, au bout de vingt ans de travail, de développer la méthode Selfie-coach. J'ai eu le plaisir et le privilège d'observer Frédéric sur ce chemin. Son approche novatrice propose une grille de lecture fiable et synthétique pour des sujets d'une complexité inouïe liés à nos motivations. Albert Einstein disait « Si vous ne savez pas l'expliquer simplement, c'est que vous ne le comprenez pas très bien ». Grâce au Selfie-coach, j'ai eu l'impression d'accéder à une explication simple et complète de la mécanique de nos motivations. La compréhension de ces processus a fait de moi un manager averti !

J'aimerais préciser qu'il ne s'agit nullement de manipuler et de faire faire à quelqu'un quelque chose dont il n'a pas envie. Il s'agit de comprendre par quoi et comment les collaborateurs sont motivés afin de créer, dans la mesure du possible, les conditions pour qu'ils se sentent bien et soient efficaces. Comme le disait Pierre Desproges, « un gentleman, c'est quelqu'un qui sait jouer de la cornemuse et qui n'en joue pas » !

Le Selfie-coach est un outil abouti et opérationnel. Il ne fait pas de miracle, aucun outil ne le peut. Il fait de vous un manager efficace, qui sait se comprendre et comprendre les situations managériales complexes afin d'agir dans l'intérêt de l'entreprise et des collaborateurs de façon éclairée.

PRÉFACE POUR UNE UTILISATION SPORTIVE MORGAN BOURC'HIS[1]

Ce matin-là, à 8 heures, en banlieue parisienne dans un bassin de natation avant l'arrivée du public, je dois enchaîner cinq répétitions de 125 minutes en apnée sans palmes aux pieds, en nageant la brasse à environ 1,5 mètre sous la surface et avec 10 minutes de récupération entre chacune d'elles.

À côté de moi, celui que j'ai invité pour qu'il découvre mon univers s'amuse à perturber la concentration qui m'est indispensable à cet exercice. Je fais avec. Notre première rencontre remonte à quelques mois.

Je sors de ma première répétition en étant physiquement marqué. Les quatre autres vont être difficiles à enchaîner. Et l'autre trublion continue à faire du bruit et des blagues inopportunes…

J'ai demandé à pouvoir m'entraîner avant de dispenser aux inscrits mon stage d'apnée grand public dans ce complexe aquatique des Yvelines où se situent les bureaux de Frédéric Lincker. C'est lui qui fait du bruit pendant que j'essaye de me préparer pour ma deuxième répétition.

Nous allons travailler ensemble, mais cette collaboration commence bien mal ! Et pourtant, la suite de cet entraînement sera très enrichissante grâce à ses conseils. Il ne connaît rien à l'apnée, mais il me permet de prendre conscience de mes émotions et de mon mental durant cette heure passée dans l'eau. Frédéric, c'est souvent ça, il arrive en perturbant votre environnement et vos repères. Au début, vous lui en voulez, car tout est chamboulé, et après, vous le remerciez, car vous y voyez bien plus clair.

De 2016 à 2019, il m'a accompagné jusqu'à la fin de ma carrière sportive. Il m'a formé à plusieurs méthodes qui touchent à la motivation. Nous sommes intervenus ensemble sur divers séminaires en entreprises. Aujourd'hui, une partie de mon contenu de formation s'inspire toujours de notre travail commun.

Le Selfie-coach, c'est pour Frédéric, l'aboutissement de plus de 25 ans d'accompagnement de particuliers, de collaborateurs, de dirigeants, de sportifs pour vaincre des blocages, dépasser des préjugés, avancer dans sa

1. Triple champion du monde de plongée en apnée.

vie, entreprendre. Un outil compréhensible, accessible à tous, malicieux, attrayant, bref, une méthode à son image. Il m'aide à titre personnel et dans mon travail d'entraîneur auprès de jeunes athlètes apnéistes.

Cette approche ludique nous apprend que nous sommes en constante évolution et, si je devais la résumer en un seul mot, je parlerais de psychodiversité. Adapter son état d'esprit à la situation, aux personnes qui nous entourent, aux enjeux, au contexte, c'est la possibilité d'agir de façon juste et en accord avec ce qui est essentiel pour nous, que ce soit dans la rue, au travail, en famille, ou au fond de l'océan.

Merci Frédéric de m'avoir accompagné toutes ces années, je t'en suis extrêmement reconnaissant. Et je suis très heureux que tout ton travail audacieux soit désormais à la portée du plus grand nombre.

INTRODUCTION

53 % des lecteurs ne liront pas l'introduction de ce livre… Et pourtant, je dois écrire ces premières pages avec le même état d'esprit, la même motivation, et la même émotion que la suite de cet ouvrage.

Et vous-même, vous devez trouver une bonne raison pour terminer ce chapitre que vous sautez allègrement dans vos lectures, passant directement au sujet qui vous intéresse.

L'état d'esprit et la motivation sont donc constamment au cœur de nos préoccupations de façon consciente ou inconsciente. Ce sont eux qui feront que j'écrirai ces lignes avec le sourire et l'efficacité que je recherche et ce sont également eux qui feront que vous les lirez en y prenant vous aussi du plaisir.

Alors, comment trouver l'énergie nécessaire pour écrire ou lire un chapitre que peu de personnes parcourront ?

Rien qu'en écrivant cette introduction, je peux remarquer combien la méthode Selfie-coach s'applique dans n'importe quel contexte et apporte des réponses à une question fondamentale pour chacun de nous : pourquoi ressentons-nous, pensons-nous et faisons-nous ce que nous ressentons, pensons et faisons ?

Ce qui peut-être vous motive à lire cette introduction est l'envie de comprendre les origines de mon approche. Mais cela pourrait aussi être parce qu'il est logique de lire un livre en commençant par le début, ou que vous souhaitez en avoir pour votre argent en n'en perdant pas une miette ! Il existe donc plusieurs motivations pour atteindre un même objectif. L'important est de trouver celle qui vous fera agir.

De mon côté, j'ai abordé ce texte avec malice et c'est ce qui m'a permis de le terminer tout en sachant qu'il serait peu lu. Cet état d'esprit m'a poussé à inventer le chiffre de 53 %, tout droit sorti de mon imagination et de mes croyances, et d'imaginer votre réaction. Vous vous êtes peut-être reconnu ou avez identifié certaines de vos connaissances qui pourraient aller directement au chapitre 1, passant à côté de cette réflexion fondamentale : est-on conscient des mécaniques qui nous poussent à l'action ?

Mais pourquoi est-il important d'en prendre conscience puisque vous ne m'avez pas attendu pour agir ? Pourquoi se poser toutes ces questions si ce n'est pour compliquer nos pensées qui le sont déjà assez ?

La lourdeur, quand j'ai pris ma plume à l'idée de réaliser une chose inutile, s'est transformée en réel plaisir d'avoir écrit cette introduction. J'ai changé ma motivation source d'émotions, de valeurs et de comportements et j'ai gagné en énergie, en performance.

Il existe donc plusieurs motivations et une méthode pour en changer facilement. Cela vous intéresse-t-il de la connaître ? Alors, ne sautez pas les prochains chapitres, car vous passeriez à côté de la logique qui rendra naturelle la mise en œuvre de l'outil !

Bonne lecture.

LES FONDATIONS DE LA MAISON SELFIE-COACH

Si vous souhaitez optimiser la lecture de ce livre, je vous conseille de télécharger le plan à cette adresse, www.motivespour.fr/livre-selfie-coach, pour l'avoir constamment sous les yeux, ou de vous reporter aux plans en couleur sur les pages intérieures de la couverture.

J'aurais plaisir à vous offrir un Selfie-coach si vous m'en faites la demande par mail à cette adresse : livreSelfie-coach@motivespour.fr en indiquant votre prénom, votre nom et une preuve d'achat ou d'emprunt en médiathèque. Vous recevrez en retour un lien personnalisé vers la plateforme du questionnaire. Vous analyserez ainsi vos résultats tout en lisant cet ouvrage.

Pour débuter la présentation du Selfie-coach, tel un agent immobilier, je vous invite à visiter votre maison des Méta-forts. Vous ne le savez pas encore, mais vous en avez hérité et vous vous y promenez toute la journée. Je vais juste mettre des mots, ou plutôt des images sur des ressentis, des pensées et des comportements qui sont déjà présents en vous. Pour que votre maison soit solide, il lui faut des fondations rassurantes et je me suis appuyé sur plusieurs principes pour la construire.

CE QUE JE SAIS, C'EST QUE JE NE SAIS RIEN

Cette phrase attribuée à Socrate est le fondement de l'approche Selfie-coach, laquelle n'a pas la prétention de vous dire qui vous êtes.

Nous n'avons pas suffisamment d'une vie pour le découvrir. Alors ce n'est pas en quelques pages que cet outil pourra répondre à cette question.

Le Selfie-coach repose sur des théories qui sont sans doute imparfaites, discutables et qui devront évoluer pour s'adapter aux changements de notre monde. C'est avant tout une grille de lecture permettant de se positionner et de partager un langage commun facilitant la préparation mentale.

Il vous interroge sur vos réelles motivations parfois bien cachées derrière un masque socialement acceptable. Il fait appel à votre capacité à prendre du recul et à remettre en cause vos croyances. Savez-vous d'ailleurs que Socrate n'aurait jamais écrit une seule ligne et qu'il y a une forte probabilité pour que ce soit Platon qui soit l'auteur de la phrase « Ce que je sais, c'est que je ne sais rien » ?

JE SAIS CE QUE JE NE VEUX PLUS

Il est compliqué de réduire des ressentis, des pensées et des comportements complexes à quelques catégories sans tenir compte de l'influence du contexte, de l'éducation, de la culture ou du milieu dans lequel vous évoluez. Êtes-vous le même au travail qu'à la maison ? Agissez-vous de la même manière avec vos collègues ou vos collaborateurs qu'avec vos enfants, votre conjoint ou vos amis ? Votre personnalité est-elle la même qu'il y a vingt ans ?

Les résultats d'un profil de personnalité peuvent donner le sentiment d'être prisonnier d'une image figée. Les typologies peuvent vous perturber et encourager les jugements de valeur. Combien de fois ai-je entendu en entreprise : « Untel est bleu... jaune... vert... rouge... violet... orange... » Vos biais d'interprétation sont les erreurs de raisonnement qui affectent votre prise de décision et l'évaluation des informations à votre disposition. Ils influencent la manière dont vous comprenez les résultats de ce type de test menant parfois à des généralisations ou à des conclusions erronées.

LE SELFIE-COACH EST UNE REPRÉSENTATION GRAPHIQUE DE VOTRE ÉTAT D'ESPRIT À L'INSTANT T FACE À UNE SITUATION

Pour éviter de tomber dans les travers de la stigmatisation simpliste, le Selfie-coach est tout sauf un profil de personnalité.

Vos traits de personnalité sont profondément ancrés en vous. En modifier, n'en serait-ce qu'un, implique de modifier des aspects fondamentaux de vous-même, ce qui risque d'engendrer une forte résistance consciente ou inconsciente. De plus, alors que les traits de personnalité peuvent prendre des décennies à se construire, votre état d'esprit est fluide, changeant et plus simple à modifier. Cela ne signifie pas qu'un changement d'état d'esprit soit toujours facile à réaliser, mais qu'il est plus accessible dans l'instant que la transformation d'un trait de personnalité. Et pour être complet, changer d'état d'esprit entraîne mécaniquement d'autres modifications qui concernent vos motivations, vos émotions, vos valeurs de l'instant et vos comportements.

Or, la capacité d'adaptation est devenue un atout majeur dans le monde professionnel d'aujourd'hui. Les entreprises doivent non seulement être réactives face aux évolutions du marché, mais aussi anticiper les changements et évoluer en conséquence. Cela implique que les collaborateurs soient flexibles stratégiquement et opérationnellement, facilitant ainsi les prises de décision dynamiques. C'est pourquoi la capacité à s'adapter rapidement est désormais considérée comme un indicateur clé de la performance.

LE SELFIE-COACH A ÉTÉ PENSÉ POUR ÊTRE UTILE ET EFFICACE

Je me suis concentré sur des critères précis et significatifs. L'approche décrite est simple, mais pas simpliste. Elle est accessible tout en étant riche d'informations et génératrice de solutions. Quand vous l'utiliserez, vous vous rendrez compte que vous n'avez pas besoin d'en mémoriser les concepts, car ils sont logiques et structurés. Ils font appel à votre bon sens paysan, c'est-à-dire, à votre regard pragmatique et réaliste de la situation, fondé sur votre observation intuitive.

Son champ d'action est parfaitement identifiable. C'est une approche centrée sur le présent et le futur qui vous permet de répondre à ces deux questions : où en êtes-vous aujourd'hui et comment pouvez-vous atteindre vos objectifs de performance ou de mieux-être ?

Son usage s'adapte à vous en fonction du niveau de précision souhaité, du temps dont vous disposez et de votre objectif. Dans tous les cas, la pertinence et la facilité de lecture des résultats sont au rendez-vous. Le Selfie-coach simplifie la prise de décisions concernant deux types d'actions :

- Vos actions stratégiques qui demandent réflexion sans pression du temps. Exemple : vous construisez un plan d'action pour changer.
- Vos actions réactives basées sur des réflexes avec la pression du temps. Exemple : vous êtes en face-à-face et vous devez réagir lors d'une interaction.

En outre, il s'adapte à l'environnement dans lequel vous évoluez. Vous pouvez vous appuyer sur les mêmes principes, quelle que soit la thématique : management, vente, communication, prise de parole en public. Il existe un Selfie-coach spécialisé pour chacune d'entre elles.

Dans ce livre, les explications sont systématiquement illustrées par des exemples pratiques de la vie courante pour vous permettre de vous projeter facilement. De plus, je vous propose à chaque étape des exercices de mise en œuvre pour en tester immédiatement les bénéfices.

L'ORIGINE DU SELFIE-COACH

En général, on commence une histoire par « Il était une fois ». Dans le cas du Selfie-coach, je choisirai de débuter par « Il était plusieurs fois ». Car cette aventure remonte à plus de trente ans. Mon parcours et mes rencontres ont construit cette méthode au fil du temps. Elle a mûri et je l'ai mise à l'épreuve. Pour faire court, je partirai donc de l'année 2020 pendant laquelle j'ai mis sur le papier un concept que j'avais en tête et que j'utilisais depuis très longtemps. Le moment était venu de le partager.

En mai 2020, la vie m'obligeait à stopper pendant plusieurs mois mon activité de formateur-coach. Il est reconnu que l'ennui favorise la création. C'est dans ce contexte que j'ai posé en une nuit les bases du Selfie-coach. C'était l'aboutissement de trente années de réflexion et d'expérimentation. J'ai toujours eu comme habitude de concevoir ma solution quand je ne trouve pas ce que je cherche. J'ai donc conçu le Selfie-coach parce que les solutions existantes ne me convenaient pas totalement.

Et pour vous expliquer pourquoi, le mieux est de vous relater les moments clés de mon parcours. Si je devais retenir trois mots pour le décrire, je dirais sans hésitation « état d'esprit », « motivation », « passion ». Je prends conscience aujourd'hui que ces trois mots peuvent se résumer en une compétence, « l'intelligence situationnelle », dont je parlerai à la fin de ce chapitre.

Ma scolarité ne me motivait pas, contrairement à mes deux passions : le basket et la magie. Mais cette période m'a tout de même appris une chose importante : la réussite scolaire est, entre autres, une question d'état d'esprit. Les élèves qui sont au clair avec leurs motivations sont ceux qui traversent leurs études avec réussite. Ceux qui ne savent pas ce qu'ils font sur les bancs de l'école n'auront pas le même parcours ! Mais est-on capable d'avoir ce niveau de conscience pendant sa scolarité ? C'est certainement ce qui explique pourquoi des jeunes désengagés durant leurs études auront une carrière brillante une fois dans la vie active.

Le basket m'a fait découvrir le sens de l'effort et de la compétition et m'a fait réfléchir à la définition de mes motivations. Est-ce que je jouais vraiment pour gagner ou plutôt pour prendre du plaisir et le partager avec le public ?

Quant à la cartomagie (la magie des cartes) et au mentalisme (la magie de l'esprit) qui me passionnent depuis l'enfance, ils m'ont sensibilisé aux mécanismes des pensées humaines.

Le rythme est primordial dans la réussite d'un effet pour conserver la dynamique d'un spectacle et l'adhésion du public. Pour qu'un tour soit efficace, il faut à la fois jouer sur le fond et la forme. Ce n'est pas la boîte truquée qui crée l'illusion mais la manière de la présenter qui la rend magique.

La prévisibilité des réflexes humains permet d'avoir toujours un coup d'avance sur le spectateur. Ce n'est évidemment pas quand il a les yeux braqués sur mes mains que je réalise mes manipulations.

La magie, c'est avant tout de l'émotion et elle a une importance cruciale dans l'impact d'un effet sur le public. C'est elle qui fait de nous des faiseurs de miracles. La pratique de la magie nécessite d'être subtilement adaptable en toute situation. C'est le secret de certains tours, mais surtout la ceinture de sécurité obligatoire quand tout ne se passe pas comme prévu.

Je me rappelle un déjeuner avec des magiciens cartomanes très connus alors que je n'étais qu'un débutant. La serveuse, nous voyant tripoter frénétiquement les cartes durant tout le repas, nous avait demandé de lui faire un tour. Mes deux professeurs de l'époque se sont exécutés et j'étais très mal à l'aise quand ce fut à moi de démontrer mes talents tout récents. Je réalisais un effet basique et la serveuse regagna les cuisines. Au moment de régler ma note, elle me dit : « Vos deux amis sont forts, mais vous… Vous êtes très fort ! » J'en avais presque honte, car ils avaient fait preuve d'une grande virtuosité mais pendant leurs démonstrations, elle n'avait été qu'une simple observatrice, alors que j'avais fait, de mon côté, un tour classique et très simple auquel elle avait activement participé.

L'effet consistait à lui faire choisir une carte, à la remettre dans le paquet que je mélangeais. Je lui demandais ensuite de citer un prénom et de l'épeler. Elle déposait à chaque lettre la première carte du paquet sur la table. La dernière lettre correspondait à la carte qu'elle avait choisie. Magie !!! Pour ma spectatrice, c'était bigrement impressionnant. Je m'interrogeais sur le pourquoi de sa réaction. Elle pensait maîtriser la situation, car elle était actrice du tour : elle avait utilisé le prénom d'une personne qu'elle connaissait. C'est elle qui l'avait épelé et qui avait déposé les cartes sur la table. Donc, elle avait activé son imagerie mentale en visualisant la personne et les lettres de son prénom. La simplicité du processus avait fait le reste en magnifiant le tour à son insu.

Quand j'ai débuté la magie, j'ai rapidement compris la différence entre un amateur et un professionnel : le magicien amateur ne fait jamais les mêmes tours, mais toujours aux mêmes personnes. C'est pourquoi la qualité n'est pas toujours au rendez-vous. À l'inverse, le magicien professionnel fait toujours les mêmes tours, mais jamais aux mêmes personnes, ce qui lui permet de réfléchir à chaque détail, chaque geste, chaque mot et de peaufiner chacun de ses effets.

Il faut vous avouer que, quand on fait du *close-up* (magie de proximité) ou du mentalisme, tout ne se passe pas toujours comme on le souhaite. Il peut arriver que des choses imprévues comme des réactions inattendues de spectateurs ou une erreur de ma part, provoquent une montée en stress que je dois impérativement contrôler. Pour pouvoir utiliser son stress positivement, et s'en sortir, il faut développer cinq compétences.

- La préparation consiste, entre autres, à prévoir des portes de sortie s'il y a problème.
- La répétition permet d'ancrer les processus et de réaliser des gestes qui sont mémorisés par le corps. L'effet d'un tour me bluffe moi-même, quand j'oublie toutes les manipulations que j'ai dû réaliser pour l'obtenir. Il m'arrive d'être étonné lors d'un tour, au même titre que le spectateur, quand je me rends compte que mes mains ont travaillé seules pour réaliser cet effet.
- La réactivité permet de s'en sortir quand rien ne se passe comme prévu.
- La technicité offre rapidement une solution me permettant de retomber sur mes pattes.
- La mémorisation fixe à jamais les routines (processus des tours) que je présente et me rappelle, par exemple, le nom de la carte que le spectateur a choisi.

Pourquoi avoir créé le Selfie-coach ?

Sans le savoir, je commençais à poser les premières pierres de la maison des Méta-forts.

Et puis, il y eut ma carrière professionnelle d'abord dans la vente puis dans le management. Elle m'apporta la reconnaissance nécessaire pour gagner en confiance et aller chercher de nouveaux défis.

En vente, on parle souvent des motivations d'achat. Il n'y a donc pas qu'une seule motivation ! Je découvrais que mes clients n'achetaient pas toujours par besoin et que leur démarche était aussi rationnelle qu'irrationnelle.

J'identifiais des moteurs décisionnels qui influençaient mon argumentation produit.

Mes clients achetaient pour améliorer leur quotidien, répondre à un besoin factuel, s'ouvrir à d'autres choses, créer, améliorer leur image, être les meilleurs, accompagner ou prendre soin.

Et moi, je m'adaptais à chaque motivation !

Le management fut une très belle occasion de mettre en application ce que j'avais en tête concernant l'importance de l'état d'esprit et la conscientisation de nos motivations. Je dis souvent qu'il est plus courant de rencontrer des problèmes de relation humaine que de compétence métier. Chaque matin, je devais traiter, tour à tour, une démotivation, une absence de résultat, un conflit, une remise en question, un souci familial... J'écoutais avec attention mes interlocuteurs en cherchant avec eux des solutions de sortie de crise. Ce fut un beau terrain d'expérimentation qui m'a fait comprendre combien développer son intelligence situationnelle aide à réduire son stress et à se remettre en mode marche, même si, nous sommes bien d'accord, il faut dans le même temps traiter les sujets de fond que sont la rémunération, les conditions de travail, les avantages sociaux...

Après cette expérience de manager dans les années 1990, j'ai décidé de me consacrer totalement aux problématiques d'état d'esprit en entreprise. Croiser la route de personnages étonnants, reconnus dans ce milieu et créateurs de concepts passionnants, a été une grande chance.

C'est ce qui m'a motivé à creuser à fond plusieurs modèles comportementaux et à en comprendre les rouages et les finesses. J'ai travaillé particulièrement l'analyse transactionnelle (AT) d'Eric Berne et ses dérivés comme le Process Communication Model de Taibi Kahler, les portes d'entrée de Paul Ware et le Triangle compassionnel ou dramatique de Stephen Karpman.

Ces théories qui tentent de nous mettre dans des cases ne sont pas toujours validées scientifiquement. Néanmoins, si leur usage peut être dangereux quand elles sont déviées de leur utilisation première qui est de mieux communiquer, il faut bien avouer qu'elles peuvent tout de même se révéler très utiles dans certaines circonstances. Si mon témoignage ne fait pas office de preuve, je peux malgré tout attester que j'ai obtenu des résultats performants et pertinents en les utilisant dans la conduite de mes coachings.

Et pourtant, force est de constater que ce sont avant tout des modèles observatoires qui atteignent leur limite quand le client finit par se poser la question suivante : « C'est bien beau de connaître mon profil, mais j'en fais quoi ? » Une partie de la réponse m'a été donnée par la théorie du renversement de Michael Apter qui propose une autre approche que les traits de personnalité. Elle se concentre sur l'intelligence motivationnelle et offre des clés pour passer de l'observation à l'action.

Ces figures du comportemental m'ont inspiré. Aujourd'hui, je suis particulièrement attentif à l'effet Barnum, exploité consciemment ou inconsciemment par les voyants et les astrologues. Celui-ci nous conduit à considérer une description générale et floue de traits de personnalité, comme s'appliquant précisément à nous. Je pense également qu'il faut prendre le recul nécessaire, et utiliser avec une grande prudence tous les outils qui prétendent vous dire qui vous êtes comme une vérité incontestable. Un profil doit rester avant tout une base de réflexion qui permet d'avoir un langage commun avec son client, ce qui rend plus simples et plus rapides les analyses et les stratégies à mettre en place.

Quelles sont les sources de cette approche ?

Le fruit de mon expérience et de ma pratique en tant que formateur et coach m'amènent à vous proposer une nouvelle approche car le monde évolue vite et nous devons sans cesse nous adapter. Cette accélération des changements dans nos vies est d'ailleurs un phénomène relativement récent. En 1789, il y a moins de 250 ans, la Révolution française éclate : les gens se déplacent en charrette et les chirurgiens-barbiers réalisent des opérations chirurgicales. L'éclairage au gaz arrive dans les rues parisiennes. Le télégraphe ne tarde pas. Le train comme la photographie suivent 50 ans plus tard. Il y a une accélération des bouleversements technologiques. La vie change totalement à une vitesse jamais atteinte depuis l'apparition de l'homme.

Mais comment le cerveau humain a-t-il pu suivre ce rythme ? En premier lieu, parce qu'il n'avait pas le choix. Il s'est ajusté sans cesse au prix d'une débauche d'énergie équilibrée par les bienfaits de la modernisation (du moins, le croyait-il !). Aujourd'hui, une des qualités indispensables à la performance et/ou au mieux-être est notre capacité à nous adapter. C'est l'héritage involontaire de nos proches aïeux. Autant en profiter !

Le Selfie-coach a donc été pensé pour faciliter votre capacité d'ajustement. Et pour affirmer une réelle différence avec ce qui existe déjà, il doit répondre à deux critères : être intuitif dans sa lecture et simple dans sa mise en œuvre.

Les tests de personnalité sont, en grande majorité, une interprétation de vos réponses à des questions vous mettant en situation et vous proposant plusieurs choix : dans tel contexte, feriez-vous plutôt ceci ou plutôt cela ?

Les résultats peuvent sembler simplistes quand ils vous réduisent à 4, 6 ou 8 types de personnalité. À l'inverse, ils peuvent paraître très complexes quand ils multiplient à n'en plus finir les camemberts et les histogrammes.

Le danger est de les considérer comme une vérité immuable et limitante.

Pour éviter cet écueil, le Selfie-coach a été conçu comme une approche, et non uniquement, comme un outil. C'est donc une représentation graphique de notre état d'esprit à l'instant T face à une situation donnée. Vous pouvez y avoir recours pour y voir plus clair face à une situation en général, par exemple votre vie actuelle, soit face à une situation particulière, comme dans le cas où vous ne vous sentez pas bien en réunion.

Le questionnaire est rapide à remplir : 20 minutes en moyenne pour 27 questions directes. Exemple : quelles émotions vivez-vous en ce moment ? Choisissez parmi les 16 propositions suivantes.

La meilleure façon de se faire comprendre étant d'utiliser une image, le Selfie-coach remplace les graphiques habituellement employés dans un bilan (camemberts, histogrammes, etc.) par un des premiers dessins que vos parents se sont sentis obligés d'accrocher sur la porte du congélateur : la maison en bâton de Monsieur Patate ! Déjà à l'époque, il représentait votre émotion du moment symbolisée par le soleil ou les nuages que vous ne manquiez pas d'ajouter. Et comme les années ont passé et que vos talents d'artiste ont progressé, c'est maintenant un plan de maison plus structuré qui matérialise de façon simple votre état d'esprit. Car comme le disait Napoléon Bonaparte, que le Selfie-coach aurait certainement pu sauver à Waterloo, « Un bon croquis vaut mieux qu'un long discours ».

Le Selfie-coach est donc une représentation graphique de votre état d'esprit à l'instant T face à une situation donnée.

Il vous permet d'identifier et de comprendre vos motivations, vos émotions, vos valeurs de l'instant et vos freins. Au-delà du constat, c'est un formidable outil de réflexion et de détermination des changements nécessaires à l'atteinte de vos objectifs. Vous pouvez en tirer des indicateurs à la fois fins et simples, mais jamais simplistes. Vous pouvez repasser votre Selfie-coach autant de fois que vous le désirez en fonction de la situation que vous souhaitez éclaircir ou des événements qui ponctuent votre vie.

Pour faciliter l'utilisation et la mémorisation du concept, le Selfie-coach fait appel à deux techniques universelles qui ont fait leurs preuves : le palais mental et la visualisation.

Qu'est-ce que le palais mental ?

En spectacle, je l'utilise pour réaliser des démonstrations de mémoire incroyable. Je propose aux spectateurs de me citer des objets et je suis capable, grâce au palais mental, de les réciter dans l'ordre et dans le désordre.

Cette technique, également appelée méthode des lieux, aurait été utilisée dans la Grèce antique. En se souvenant de la pièce où chaque invité était assis, le poète Simonide de Céos aurait aidé les secours à identifier les victimes disparues sous les décombres après l'effondrement d'un bâtiment lors d'un banquet. Les orateurs grecs et romains ont ensuite utilisé cette technique pour mémoriser leurs longs discours. Ils visualisaient un palais et associaient à chaque pièce des idées ou des mots-clés, facilitant ainsi leur mémorisation. Il suffisait alors de parcourir mentalement le lieu pour faire un discours complet et structuré.

Qu'est-ce que la visualisation ?

La visualisation est une technique puissante de préparation mentale qui consiste à se créer des images d'expériences ou de résultats souhaités. Elle est très utilisée dans le sport pour se projeter en situation de compétition et gagner en confiance. Par exemple, un coureur de F1 se prépare à une course en effectuant mentalement un tour de circuit afin de vivre les accélérations, les freinages, les virages, le départ, les entrées et sorties de stand. Il expérimente sans risque sa gestion de la situation et des émotions.

Chaque hall, aile ou pièce représente une motivation, une émotion, une valeur et un comportement possible. Le palais mental et la visualisation apportent donc les solutions pour mémoriser le concept du Selfie-coach et pouvoir l'utiliser simplement dans sa vie de tous les jours. En nous déplaçant dans notre maison, représentation symbolique de notre état d'esprit, nous changeons d'approche et pouvons en expérimenter mentalement les bénéfices qu'ils soient positifs ou négatifs.

Quel est l'objectif du Selfie-coach ?

Sa simplicité en fait avant tout un outil pratique de mise en action. Il permet de développer votre intelligence situationnelle, c'est-à-dire votre capacité à vous adapter efficacement à une situation de façon appropriée, profitable, performante et génératrice de mieux-être. Il développe votre sens de l'observation et conscientise les mécanismes motivationnels, mentaux, émotionnels et comportementaux. De ce fait, il augmente votre lucidité sur les moteurs qui vous poussent à l'action, à la réaction ou à l'inaction. Il facilite vos prises de décisions et la mise en place de plan d'actions, sources de changement.

POUR FAIRE COURT

Objectif du Selfie-coach

➢ Une méthode simple, graphique et intuitive d'évaluation et d'évolution de votre état d'esprit, permettant de visualiser vos motivations, vos émotions, vos valeurs et vos freins.

Techniques utilisées

➢ Le palais mental : aide à la mémorisation des concepts.

➢ La visualisation : préparation mentale pour projeter des résultats souhaités.

Objectifs principaux

➢ Développer votre intelligence situationnelle.

➢ Augmenter votre lucidité sur les mécanismes motivationnels.

➢ Faciliter vos prises de décisions et votre mise en action pour changer.

L'INTELLIGENCE SITUATIONNELLE

Imaginez que vous ayez à rendre un dossier que vous trouvez très compliqué. Si vous abordez cette tâche en pensant que vous allez échouer, il y a de grandes chances pour que vous stressiez et que le résultat soit à la hauteur de votre fragile espérance.

En revanche, si vous vous dites que c'est un défi, que vous allez faire de votre mieux pour ne rien avoir à vous reprocher et pour apprendre de cette expérience, vous abordez ce dossier en étant plus confiant et obtenez un meilleur résultat.

Ce que cet exemple met en lumière, c'est que votre manière de réfléchir face à une situation fait toute la différence. Si vous changez votre façon de penser, cela peut modifier votre ressenti et votre niveau de performance. Votre approche de la situation influence donc vos actions ou vos réactions. Si vous êtes en mesure d'avoir une vision claire, lucide et la plus déconnectée possible de votre jugement, de vos fantasmes et de vos peurs, vous pouvez gérer sereinement ce que vous vivez en gardant votre liberté de choix. Et c'est là une très grande richesse qui renforce votre sensation d'autonomie.

Si l'étonnement vous pilote, la situation peut générer des émotions déplaisantes comme la colère, la peur, le dégoût et la tristesse qui vont parfois maladroitement tenter de vous protéger. Si vous ne les gérez pas, vous pourriez alors perdre le contrôle et vous laisser guider par ces émotions en adoptant des comportements souvent inadaptés, peu profitables, difficiles ou vous menant à l'échec.

L'étonnement se produit lorsque vous êtes confronté à une situation imprévue, inattendue ou inconnue. Si vous ne pouvez pas changer la situation et que cette surprise vous fait perdre le contrôle, provoquant une sensation d'impuissance, vous n'avez alors que trois choix naturels : fuir, combattre ou subir. Comme votre cerveau fonctionne par comparaison, il peut aller puiser dans votre mémoire le souvenir d'une expérience traumatisante ou effrayante, créant une ambiguïté émotionnelle vous empêchant d'accéder à votre lucidité. Ce phénomène vous condamne à faire les mauvais choix.

Garder la maîtrise de vos choix en limitant au maximum l'étonnement est donc un excellent outil antistress qui renforce votre autonomie et votre capacité à agir sur la situation. Cela vous permet de rester aligné entre vos valeurs, vos émotions et vos comportements. Savoir que vous en êtes capable allège énormément votre pression psychologique, renforce votre confiance, votre affirmation et votre estime de soi. Elle crée une base de données de souvenirs positifs dans laquelle votre cerveau puisera allègrement en cas de nouvelles situations de tension.

L'intelligence situationnelle est donc une compétence incontournable pour vous permettre de vous adapter efficacement à différentes situations en utilisant de manière appropriée vos connaissances, vos compétences, vos aptitudes, votre sens de l'observation et de la projection.

Concrètement, elle vous rend lucide sur votre approche du contexte, sur les enjeux et sur les opportunités de changement visant à vous rendre détendu ou gagnant. Grâce à elle, vous devenez capable de prendre des décisions, de les mettre en œuvre, d'en analyser les bénéfices qu'ils soient positifs ou négatifs, de gérer vos émotions et celles des autres, de les communiquer efficacement et d'être conscient de vos motivations pour en tirer le meilleur parti.

Vous pouvez vous adapter avantageusement à des circonstances variées ou changeantes et anticiper vos comportements en fonction. Cette compétence aide à préparer des réponses appropriées aux choix qui s'offrent à vous, facilitant, au passage, vos interactions avec les autres. Cela devient essentiel dans un monde de plus en plus complexe et dynamique.

On peut imaginer que les magiciens de *close-up* (magie de proximité) ou les mentalistes dominent mieux ce type d'intelligence. Le déroulement de leurs tours diffère souvent en fonction du public. Ils ont un coup d'avance en prévoyant les divers scénarios possibles et les portes de sortie associées en fonction des choix du spectateur ou des imprévus. Ils utilisent l'étonnement du public pour générer un stress et profiter de ce moment faible pour exécuter une manipulation. Ils doivent garder le contrôle tout en restant naturels et fluides. Ils se servent avec brio de leur intelligence situationnelle.

POUR FAIRE COURT

➢ Ce n'est pas la situation elle-même, mais votre vision et votre approche de celle-ci qui génèrent des émotions déplaisantes.

➢ L'étonnement peut engendrer des émotions désagréables (colère, peur, tristesse, dégoût). La gestion de ces émotions est cruciale pour éviter des comportements inadaptés.

➢ Limiter l'étonnement vous aide à réduire le stress, à renforcer votre autonomie et à aligner vos valeurs, vos émotions et vos comportements, améliorant votre confiance en soi.

➢ L'intelligence situationnelle est essentielle pour s'adapter efficacement à un contexte en perpétuel mouvement. Elle s'appuie sur votre sens de l'observation et de la projection, votre lucidité et compréhension des enjeux.

➢ L'intelligence situationnelle permet de gérer vos émotions, de communiquer efficacement et d'anticiper vos réactions et celles des autres, facilitant ainsi les interactions sociales.

Partie

I DÉCOUVRIR VOTRE MAISON DES MÉTA-FORTS

Le Selfie-coach est un plan qui symbolise votre état d'esprit. Il trace les contours de votre maison intérieure que j'appellerai « la maison des Méta-forts ». Elle est unique parce qu'elle vous ressemble ; elle est changeante, car elle dépend de la situation que vous vivez.

Pourquoi ce nom : la maison des Méta-forts ?

La position Méta fait référence à un point de vue ou à une perspective d'observation de la situation, et de vos comportements, pensées ou émotions. Elle permet d'évaluer la situation, les interactions et les processus en prenant en compte l'intégralité du contexte. Elle traduit votre capacité à prendre de la hauteur et peut déboucher sur une grande lucidité, point de départ obligatoire pour construire votre stratégie de changement.

La lucidité vous permet de clarifier vos schémas de pensée, et d'accroître votre conscience de vous-même. Elle favorise votre réflexion sur vos actes et sur vos motivations. Elle vous invite à adopter plusieurs angles de vue pour analyser les facteurs internes et externes qui influencent vos choix. Elle donne accès à une prise de conscience des réalités afin de sortir de l'illusion ou du déni. Elle identifie vos forces et vos zones d'amélioration, vos opportunités et vos menaces, vos enjeux et leurs conséquences. Elle permet de mieux gérer vos émotions, réduisant ainsi votre étonnement et votre possible stress.

Pour toutes ces raisons, la position Méta vous rend plus fort d'où ce nom : la maison des Méta-forts. Dans celle-ci, votre lucidité clarifie votre point de départ, votre intelligence situationnelle identifie votre point d'arrivée et votre motivation fournit l'énergie pour vous déplacer.

POUR FAIRE COURT

Maison des Méta-forts : symbolisation de votre état d'esprit à un instant T ; elle reflète la capacité d'observer la situation avec lucidité.

Position Méta : prise de hauteur pour évaluer et clarifier la situation, vos pensées, vos comportements, et vos émotions.

Lucidité :

- ➢ Maîtrise de vos émotions pour réduire le stress et favoriser vos prises de conscience.
- ➢ Évaluation des forces, zones d'amélioration, opportunités et menaces.

L'ARCHITECTURE DE VOTRE MAISON

« BONJOUR CHEZ VOUS »

C'est la réplique culte du feuilleton mythique des années 1970, *Le Prisonnier*, que je vous conseille de regarder. Elle vous invite à visiter votre chez vous. Comment est cette maison qui retranscrit graphiquement et de façon unique votre état d'esprit du moment face à une situation ?

Où est localisée son entrée ? Nous verrons plus tard que son emplacement n'est pas anodin. Vous y pénétrez et découvrez au centre une table ronde appelée « table d'orientation ».

Cette table est l'endroit qui symbolise votre capacité à prendre de la hauteur face à la situation. Cette position « Méta » vous permet d'apprécier vos possibilités de déplacement et de choisir où vous souhaitez aller.

Si vous montez sur la table, brisant les codes habituels qui vous l'interdisent, vous voyez l'intégralité de cet espace qui est divisé en deux halls un sur la gauche et un sur la droite. Chacun de ces halls est lui-même divisé en deux ailes de couleurs différentes, une en haut et l'autre en bas. Chaque aile donne accès à deux pièces.

Votre maison est donc divisée en deux halls, quatre ailes et huit pièces, et possède en son centre une table d'orientation. La porte d'entrée est placée soit sur la gauche, soit sur la droite.

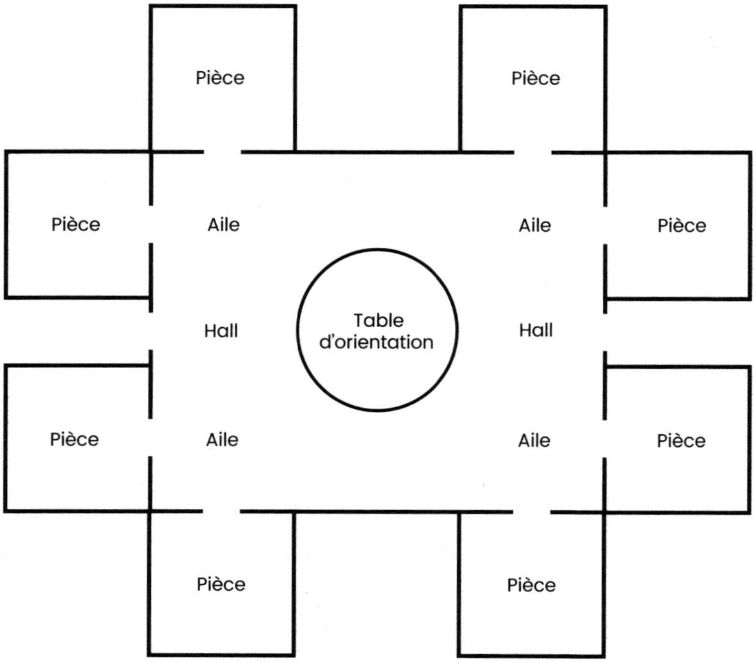

POUR FAIRE COURT

Table d'orientation

➢ Elle représente la capacité à prendre de la hauteur (position Méta) pour évaluer vos options de déplacement et de choix.

➢ Se positionner sur cette table favorise votre vue d'ensemble de la situation et vous permet de monter en lucidité.

Architecture de la maison

➢ Deux halls.

➢ Quatre ailes.

➢ Huit pièces : deux par aile.

VISITE SUR PLAN

Visiter votre maison est toujours très riche en enseignement et vous découvrirez des lieux que vous ne soupçonnez pas ou dont vous mésestimez l'importance.

Le plan de cette maison n'a pas été réalisé au hasard. Il utilise une mécanique basée sur la logique et le bon sens. Une fois que vous en aurez compris et intégré les principes, vous dessinerez mentalement votre maison et vous y déplacerez. Les halls, les ailes et les pièces seront toujours aux mêmes emplacements et vous y trouverez systématiquement les mêmes critères descriptifs. Ceci favorise la mise en place d'un langage commun que vous partagerez avec les autres ainsi que la mémorisation des composants de la méthode.

Même si la vie n'est pas un long fleuve tranquille, quand vous entrez dans un lieu, qu'il s'agisse d'un hall, d'une aile ou d'une pièce, c'est avant tout pour y vivre des moments plaisants. Vous remarquez que j'utilise le terme « plaisant » et non pas « positif ». Cela est totalement voulu.

Dans la maison des Méta-forts, le terme plaisant est utilisé pour décrire un ressenti que vous avez face à une situation.

Le terme « positif » comporte, quant à lui, une notion de jugement liée à une conséquence. En effet, vous pouvez vivre une situation que vous ressentez comme plaisante, sans qu'elle soit pour autant positive.

Exemple

Quand je mange à la cuillère mon pot de Nutella, car avouons-le, il y en a bien peu sur une tartine, le moment est plaisant, mais les conséquences pour ma santé ne sont pas positives.

Quand vous vous moquez de votre ami, vous riez et vous passez un moment plaisant mais vous prenez le risque de le vexer et de dégrader votre relation. Un moment plaisant peut donc déboucher sur une conséquence négative.

De la même façon, vous pouvez vivre un moment déplaisant et en tirer une conséquence positive.

Exemple

C'est déplaisant d'être en colère et pourtant, cette émotion permet de mobiliser les forces nécessaires pour sortir d'une situation qui vous porte préjudice. La conséquence de cette colère est donc positive.

Vous recherchez avant tout à vivre des moments plaisants et c'est bien normal. Cela vous permet de les équilibrer avec les moments déplaisants qui sont inhérents à la vie. Vivre des moments plaisants vous permet d'éviter le stress en renforçant votre mieux-être et votre capacité de résilience, de créer des liens sociaux de qualité et des perspectives motivantes.

Quand vous entrez dans un lieu et que vous n'y vivez pas un moment plaisant, vous allez mécaniquement considérer le moment comme déplaisant. Vous évaluez la qualité de ce que vous vivez à travers le prisme de vos attentes, de vos valeurs et de vos émotions. Votre cerveau les compare à vos expériences passées, ce qui en détermine votre perception. Même si ce n'est pas la réalité, vous interprétez souvent la situation de manière binaire : le plaisir *versus* le dégoût, la joie *versus* la tristesse, la quiétude *versus* le stress... Cette dichotomie simplifie la complexité de vos émotions et facilite la communication de vos expériences. Cela vous aide à naviguer dans votre environnement, à éviter les situations nuisibles et à rechercher celles qui favorisent votre épanouissement.

Ne dit-on pas que les vacances ne seraient pas aussi agréables si le travail n'existait pas ? De la même façon, il n'y aurait pas de situation plaisante s'il n'y avait pas de situation déplaisante. S'il y a un problème, il ne vient pas uniquement de la situation. Il vient, en partie, de l'état d'esprit avec lequel vous l'abordez, de ce que vous en tirez et des conséquences sur votre mental, vos émotions et vos comportements. Donc, si vous n'arrivez pas à vivre la situation de façon plaisante, vous la vivrez mécaniquement de façon déplaisante. Mais la bonne nouvelle, c'est que cela vous permettra de travailler votre intelligence situationnelle.

Pourriez-vous considérer que la situation n'est ni plaisante ni déplaisante ? Est-ce vraiment réaliste ? Il est impossible de ne vivre aucune émotion à un instant T pour des raisons liées à la nature humaine, aux processus biologiques et à notre intelligence. Le cerveau humain est toujours actif, même dans des moments de repos. Vos émotions vous aident à tout moment, consciemment ou inconsciemment, à comprendre votre environnement et à y réagir. Il en est pour preuve que votre corps peut involontairement être en réaction. Il vous envoie alors des signes corporels prouvant la présence d'émotions, même si vous n'êtes pas toujours en mesure de les verbaliser.

De plus, votre cerveau possède des mécanismes complexes de traitement de l'information qui lui rendent compliquée la distinction entre un bénéfice positif et négatif. Il est d'abord programmé pour survivre. Il peut réagir rapidement sans évaluer les conséquences, ce qui peut contribuer à des réactions biaisées ou peu nuancées.

Dans chaque lieu que vous traversez, vous allez obligatoirement vivre des émotions et activer votre mental. Ils s'exprimeront à travers vos comportements. Par mental, j'entends pensées, croyances et valeurs de l'instant.

À l'inverse des valeurs profondes qui sont des principes fondamentaux stables et constants vous guidant tout au long de votre vie (honnêteté, intégrité, respect, responsabilité, justice, etc.), les valeurs de l'instant reflètent temporairement votre besoin ou votre envie immédiate influencés par la situation (par exemple : désir de profiter d'une sortie entre amis, envie de manger un bon gâteau). Les valeurs de l'instant peuvent être résumées à une question : qu'est-ce qui est important pour vous dans l'immédiat ?

Vos croyances sont des convictions que quelque chose est vrai ou réel. Elles peuvent être basées sur des preuves, des expériences personnelles, votre éducation, votre culture, vos traditions ou votre religion. Elles peuvent être rationnelles ou irrationnelles et ne nécessitent pas toujours une validation objective (exemple : croyance qu'après la pluie vient le beau temps).

Vos émotions et votre mental s'expriment par des comportements qui, eux-mêmes, influencent vos émotions et votre mental. C'est une boucle sans fin qui peut soit alimenter votre plaisir, soit renforcer votre déplaisir.

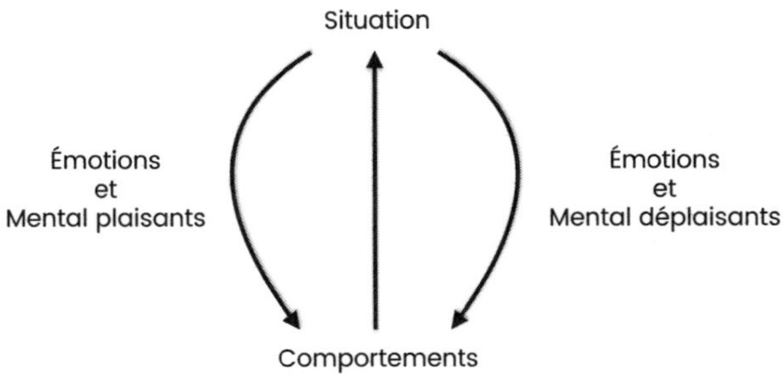

Vous pouvez vous déplacer partout dans votre maison. Rien n'est figé. Il n'y a pas de bons ou de mauvais lieux. Ils peuvent tous vous apporter quelque chose en fonction de la situation. Vous pouvez faire le choix de chercher l'endroit qui génère votre mieux-être et votre performance. Nous verrons dans la troisième partie de cet ouvrage pourquoi il est parfois si difficile de visiter les différentes pièces de la maison et comment vous pouvez tout de même y arriver.

Je vais employer deux termes qu'il convient d'abord de définir : l'état d'esprit et la motivation.

QU'EST-CE QUE L'ÉTAT D'ESPRIT ?

Selon les dictionnaires, l'expression « état d'esprit » fait généralement référence à l'ensemble des dispositions cognitives, émotionnelles et psychologiques d'une personne à un moment donné. Cela peut inclure ses attitudes, ses croyances, ses sentiments et sa manière de penser. En d'autres termes, l'état d'esprit décrit la façon dont une personne perçoit le monde. Il est dynamique, car susceptible de changer en fonction des situations vécues.

Si l'on rapporte cette définition à la maison des Méta-forts, l'état d'esprit est la somme de ses pièces.

QU'EST-CE QUE LA MOTIVATION ?

Toujours selon le dictionnaire, la motivation est le moteur qui pousse une personne à agir pour réaliser ses objectifs ou satisfaire ses besoins. Elle peut changer à n'importe quel moment en fonction de la situation.

Il existe deux types de motivation.

La motivation intrinsèque est liée à des facteurs internes, tels que la curiosité, l'intérêt personnel, le plaisir, l'épanouissement ou la satisfaction que l'on éprouve en accomplissant une tâche. Elle génère souvent une implication profonde et une satisfaction interne.

Exemple

Vous lisez un livre parce que vous aimez apprendre. Vous pratiquez un instrument de musique pour le plaisir de jouer.

La motivation extrinsèque, en revanche, provient de facteurs externes tels que les récompenses (l'argent, les éloges, les distinctions) ou des pressions (la peur de la punition). Elle génère souvent une dépendance aux autres.

Exemple

Vous étudiez pour obtenir de bonnes notes. Vous travaillez dur pour recevoir une prime ou éviter un conflit voire un licenciement.

Mais parle-t-on de la motivation ou des motivations ? Les études de Michael Apter, chercheur en psychologie spécialiste en la matière, démontrent que la motivation n'est pas binaire. Ramener la motivation à un état de « motivé » ou « pas motivé » est particulièrement réducteur. La motivation est plurielle. Michael Apter en a identifié huit qui, combinées, créent votre état d'esprit. Si l'on ramène cette définition à la maison des Méta-forts, les halls, les ailes et les pièces représentent vos différentes motivations.

Votre état d'esprit est donc la somme des motivations qui vous font agir, réagir ou rester immobile face à une situation. Elles génèrent vos émotions et votre mental qui eux-mêmes influencent vos comportements. Et pour boucler la boucle, vos comportements influencent votre état d'esprit qui lui-même pèse sur la situation.

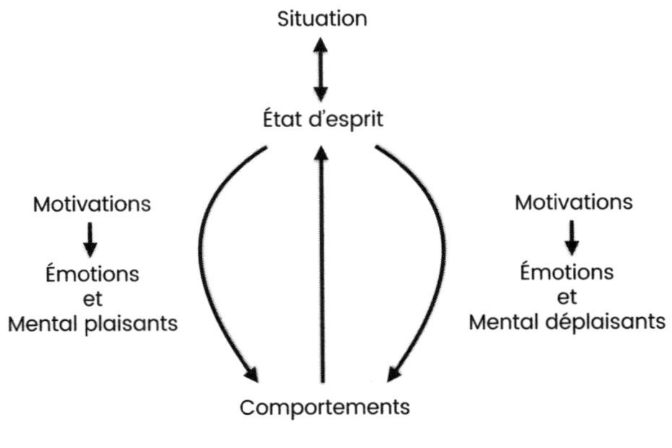

POUR FAIRE COURT

➢ Visiter votre maison permet de découvrir des espaces insoupçonnés et d'en comprendre la logique et l'organisation.

➢ Vous recherchez, en priorité, à vivre des moments plaisants dans chaque lieu que vous visitez.

➢ Si vous ne vivez pas des moments plaisants dans une pièce, ils deviendront mécaniquement déplaisants.

➢ Dans chaque pièce, vous vivez des émotions et activez votre mental (pensées, croyances et valeurs de l'instant) qui s'exprimeront par vos comportements.

➢ Il vous est possible de vous déplacer où vous le souhaitez dans votre maison pour y trouver un endroit favorable à la performance et au mieux-être.

➢ L'état d'esprit est la somme de vos motivations.

➢ Les motivations sont les moteurs internes et/ou externes qui vous poussent à agir. Elles changent en fonction de la situation.

LA FICHE TECHNIQUE

Pour bien connaître une maison, un agent immobilier possède une fiche technique qui en détaille toutes les caractéristiques. Dans la maison des Méta-forts, cette fiche vous décrit les spécificités des deux halls, des quatre ailes et des huit pièces. Elle vous indique ce que vous pourriez mécaniquement y trouver et y vivre. Plus vous vous déplacez dans les endroits reculés de votre maison, plus cette fiche est précise.

Dans les halls et les ailes, vous trouvez des indicateurs généralistes :

- Pensée plaisante ou déplaisante
- Besoin recherché ou inassouvi
- Ce que cela génère en vous.

Dans les pièces, vous trouvez des informations supplémentaires :

- Votre valeur de l'instant nourrie ou bafouée
- Vos pensées
- Votre crédo
- Vos croyances limitantes
- Les biais cognitifs probables
- Vos émotions plaisantes ou déplaisantes
- Votre image positive ou négative
- Vos comportements positifs ou négatifs
- Les confusions possibles

- Vos réflexes.

ATTENTION

Chaque hall, aile ou pièce représente une motivation et non un profil de personnalité. La fiche technique vous décrit la mécanique émotionnelle, mentale et comportementale qui se met en place quand vous activez une des huit motivations qui composent votre état d'esprit. Il est essentiel de savoir où vous vous situez dans votre maison pour définir une stratégie de déplacement. La présentation des différentes parties du plan peut vous paraître redondante. C'est le passage obligé pour développer votre lucidité, base de votre intelligence situationnelle.

Selon votre besoin, votre objectif, votre maîtrise de l'outil et votre disponibilité, vous choisirez d'utiliser tout ou une partie de ces informations. Il est parfois inutile d'aller plus loin que les halls (par exemple dans une situation d'urgence). Mais, pour prendre une décision pointue, cela peut s'avérer insuffisant. Dans ce cas, entrer dans une aile ou dans une pièce vous donnera un niveau de détails supplémentaires pour effectuer des réglages fins.

LES HALLS DE LA MAISON DES MÉTA-FORTS

« Le bonheur, fruit de la conscience épanouie. »
Roger Fournier, écrivain (1929-2012)

Cette histoire est-elle la vôtre ?

Virginie est une marketeuse qui crée des campagnes de communication. Elle a été chargée de mettre en avant une marque qu'elle adore pour son engagement dans le recyclage de ses produits.
Elle s'immerge dans le projet avec passion au point de s'investir plus que de raison. Son travail répond totalement à la demande de son client et va au-delà de son attente même si cela ne lui rapporte pas plus. Elle ne compte pas ses heures et fournit un travail impeccable qu'elle peaufine jusqu'au dernier moment. Pour Virginie, la satisfaction de ce qu'elle réalise passe avant tout. Le travail terminé, elle peut enfin se détendre.

Nathalie, sa collègue, est chargée de la mise en œuvre opérationnelle de la campagne. Impressionnée par le dossier bien ficelé de Virginie, elle sait que, la concernant, sa force de frappe est dans sa capacité à présenter et à obtenir l'adhésion des collaborateurs. Lors de la présentation de lancement, elle met en avant le défi que devra relever son équipe. En effet, les délais sont très serrés, voire considérés comme impossibles à tenir. En recevant des éloges du client, Nathalie se sent valorisée ce qui renforce sa confiance en elle et sa position au sein de l'équipe. De ce fait, elle se sent gagnante.

Virginie recherche avant tout à être satisfaite de ce qu'elle réalise ce qui finalement la valorise. Pour elle, la valorisation est une conséquence de la satisfaction du travail bien fait.

Nathalie, quant à elle, recherche en priorité la valorisation. Elle utilise le travail bien fait comme un outil pour se sentir valorisée.

Chacune d'elles est à la recherche de reconnaissances différentes, et pourtant, elles y trouvent toutes deux leur épanouissement.

HALLS ET BESOINS

Face à n'importe quelle situation que vous abordez, vous recherchez à nourrir deux besoins : la satisfaction de ce que vous faites et la valorisation de qui vous êtes. La porte d'entrée de votre maison vous indique votre besoin prioritaire face à une situation donnée.

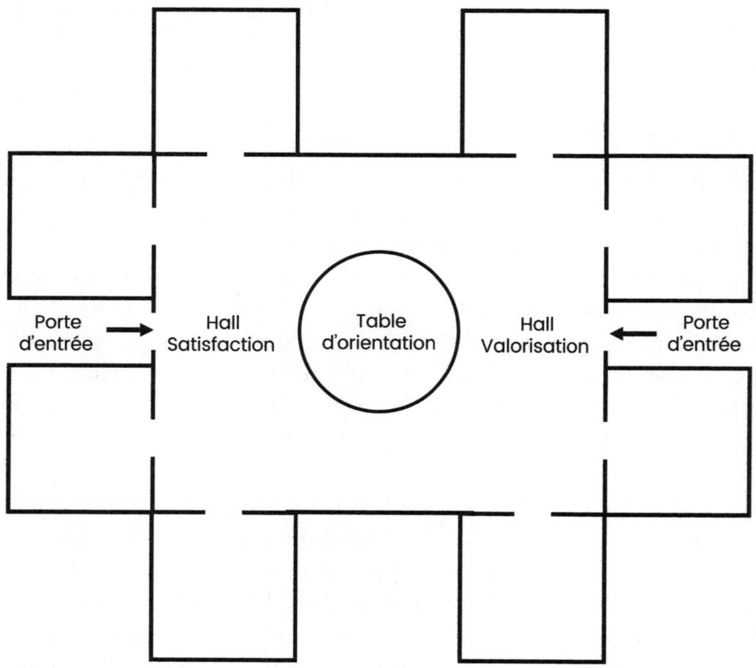

Si votre porte d'entrée est à gauche, vous recherchez actuellement à être satisfait de ce que vous réalisez. Vous entrez dans la maison des Méta-forts par le hall Satisfaction et vous voyez la situation à travers le prisme du « faire ».

Si votre porte d'entrée est à droite, il semble que vous recherchez actuellement à être valorisé pour la personne que vous êtes. Vous entrez dans la maison des Méta-forts par le hall Valorisation et vous voyez la situation à travers le prisme de l'« être ».

Votre maison ne peut posséder qu'une seule porte d'entrée. Elle indique votre recherche prioritaire du moment face à une situation donnée. Son ouverture signifie votre degré de priorité : entrouverte signifie faible priorité, alors que totalement ouverte veut dire forte priorité.

Le fait d'entrer par un hall ne vous empêche pas de visiter l'autre hall. Vous avez accès à toute votre maison.

Être satisfait de votre réalisation peut souvent entraîner la valorisation de qui vous êtes. Vous sentir valorisé entraîne souvent la satisfaction de ce que vous réalisez.

Satisfaction et Valorisation se nourrissent mutuellement. La recherche d'un équilibre entre ces deux aspects motivationnels peut vous mener à un épanouissement source de mieux-être et/ou de performance. Il est donc crucial d'avoir la souplesse nécessaire pour choisir par quel hall entrer et de pouvoir en changer si nécessaire. C'est un premier pas vers l'intelligence situationnelle.

POUR FAIRE COURT

La porte d'entrée :

- **À gauche** : recherche de satisfaction de ce que vous faites.
- **À droite** : recherche de valorisation de qui vous êtes.

L'ouverture de la porte indique le degré de priorité :

- **Entrouverte** : faible degré de priorité.
- **Totalement ouverte** : fort degré de priorité.

LE HALL SATISFACTION

« Il y a des gens qui préfèrent au succès
la satisfaction qu'ils trouvent en eux-mêmes. »
Cardinal de Retz (1613-1679)

Cette histoire est-elle la vôtre ?

Lucas est chef de projet. Lorsqu'il termine une étape importante qui le rapproche de son objectif ou qu'il résout un problème complexe, il ressent une immense satisfaction qui l'aide à évacuer le stress accumulé. Lorsque ses journées sont bien remplies et qu'il a pu avancer et terminer ses tâches, il se sent détendu. Lucas est passionné par son métier et travaille dans un environnement stimulant qui favorise la créativité. Il a besoin d'une ambiance dynamique. Les moments de pause sont essentiels pour lui. Il les utilise pour s'engager dans des discussions informelles avec ses collègues sur de nouvelles façons de faire. Un environnement qui favorise le plaisir et l'innovation lui permet de se sentir détendu.
Au contraire, lorsqu'il a peu de choses à accomplir, que les tâches stagnent, ou qu'il évolue dans une ambiance lourde et trop rigide, il se sent tendu.

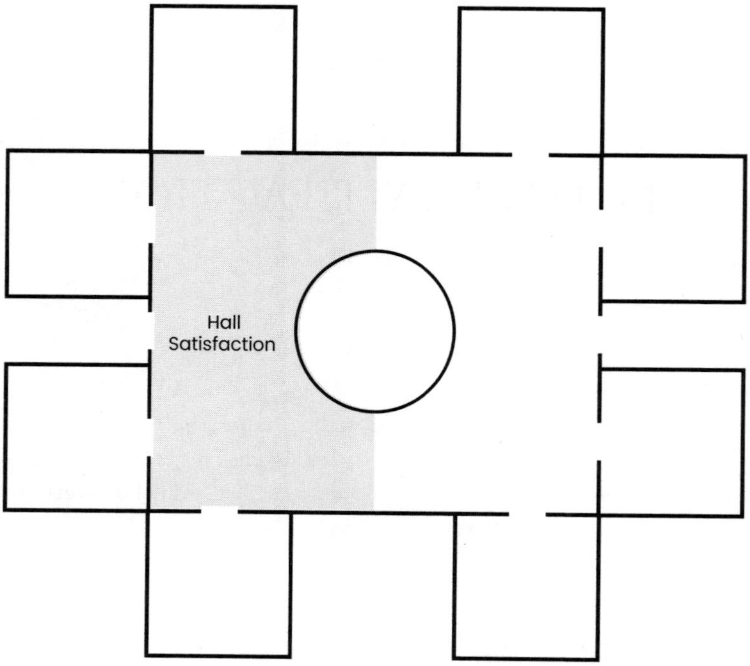

VOS PENSÉES DANS LE HALL SATISFACTION : JE RÉALISE OU JE NE RÉALISE PAS

Dans cette partie de la maison, si vous réalisez ce que vous souhaitez, vos pensées sont plaisantes. Vous êtes en accord avec vos valeurs ou vos croyances.

Si vous ne réalisez pas ce que vous souhaitez, vos pensées sont déplaisantes. Vous êtes en désaccord avec vos valeurs ou vos croyances.

VOTRE BESOIN DANS LE HALL SATISFACTION : ÊTRE SATISFAIT DE CE QUE VOUS RÉALISEZ

Au-delà de la réalisation en elle-même, vous recherchez à le faire comme vous le souhaitez, ou comme c'est prévu. C'est vous qui déterminez le niveau de qualité suffisant pour répondre à vos attentes.

Si vous ne pouvez pas réaliser comme vous le souhaitez ou comme il est prévu de le faire, cela débouche sur une sensation d'insatisfaction frustrante.

LA CONSÉQUENCE POUR VOUS DANS LE HALL SATISFACTION : VOUS VOUS SENTEZ DÉTENDU OU TENDU

Si vous réalisez quelque chose et que c'est en accord avec vos espérances, vous vous sentez naturellement détendu. Si vous ne réalisez rien ou que c'est en désaccord avec vos espérances, vous vous sentez naturellement tendu.

Les effets sont principalement vécus par votre corps : relâchement ou crispation.

LES AILES DU HALL SATISFACTION : UNE QUESTION DE TEMPS

Dans ces ailes, la notion de temporalité est importante car elle apporte une précision majeure sur votre réelle motivation. Vous pouvez rechercher à être satisfait de ce que vous réalisez à terme ou immédiatement et cela change vos attentes.

POUR FAIRE COURT

➢ Réaliser vos projets de façon conforme à vos attentes entraîne des pensées plaisantes en accord avec vos valeurs.

➢ Ne pas les réaliser est source de pensées déplaisantes en désaccord avec vos valeurs.

➢ Être satisfait de ce que vous faites génère une forme de détente et de relâchement. Dans le cas contraire, cela crée une tension, avec des effets physiques tels que la crispation.

À vous de jouer

Identifiez une situation où vous visitez principalement le hall Satisfaction. Comment la vivez-vous ? Est-elle plaisante ou déplaisante ?

....

....

....

....

L'AILE SATISFACTION À TERME

Réaliser parfaitement

« Le fruit du travail est le plus doux des plaisirs. »
Marquis de Vauvenargues, moraliste français (1715-1747)

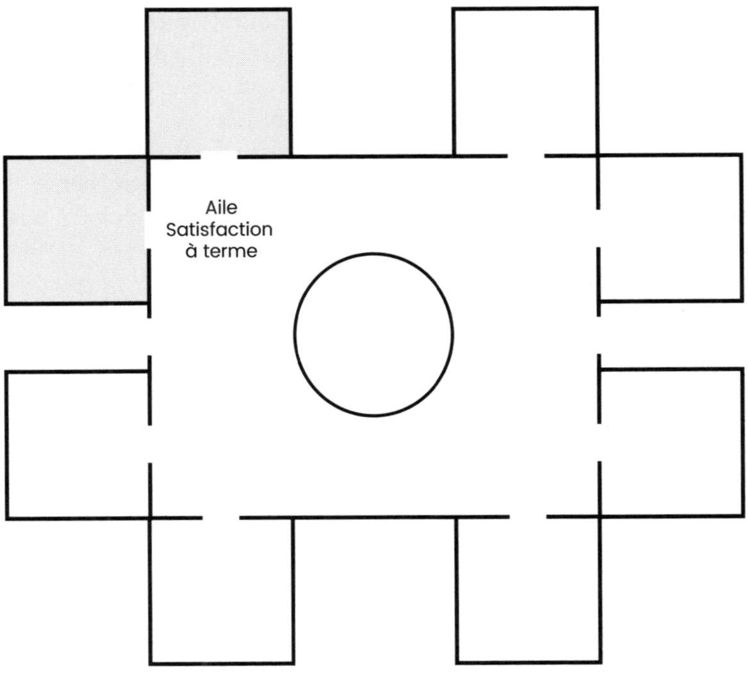

MOTIVATION : AVANCER VERS VOS OBJECTIFS

Cette histoire est-elle la vôtre ?

Clara, une jeune architecte, conçoit des bâtiments techniques. Elle a travaillé sur un projet complexe de création d'usine.

Version plaisante

Elle a donné le meilleur d'elle-même en respectant à la lettre le cahier des charges malgré les énormes contraintes liées aux spécificités du terrain. Rassurée en voyant les dossiers avancer, elle se sent monter en compétence grâce à ce qu'elle apprend en collaborant avec des spécialistes de l'environnement. Le projet est enfin terminé. Ses efforts sont récompensés. Elle peut maintenant respirer et apprécier la confiance que lui montre son client qui vient de lui confier la conception d'un nouveau complexe industriel. Clara se sent épanouie dans son métier et, par effet ricochet, sur le plan personnel.

Version déplaisante

Malgré son désir de bien faire, Clara se sent rapidement déçue par le retard qu'elle prend dans son projet. Chaque jour, elle se sent submergée par les problèmes qu'elle rencontre et pense que le projet ne sera jamais terminé dans les délais. Malgré le fait qu'elle travaille davantage, elle a le sentiment de ne pas progresser ce qui crée des tensions en elle, mais aussi avec ses collègues avec qui elle s'accroche. Épuisée, car elle consacre tous ses efforts à son travail, elle angoisse, car la date de fin de projet arrive à grands pas. L'obligation de demander un report pour terminer le travail finit par la détruire mentalement et physiquement. Le dossier terminé, elle n'est en rien satisfaite du résultat qui selon elle n'est pas à la hauteur de son investissement et de ses compétences.

VOS PENSÉES : J'AVANCE OU JE STAGNE

Si vous réalisez ce que vous souhaitez, vous aurez la sensation d'avancer vers votre objectif. Il est donc essentiel d'avoir un but pour obtenir les bénéfices positifs de cette aile.

Si vous ne réalisez pas ce que vous souhaitez, vous aurez la sensation de stagner.

VOTRE BESOIN : RÉALISER PARFAITEMENT

Au-delà de réaliser quelque chose, vous recherchez à faire ce que vous avez prévu. Votre définition de la perfection détermine le niveau de qualité que vous recherchez.

Si vous ne réalisez pas ce que vous avez prévu, cela débouche sur une sensation d'imperfection et d'insatisfaction frustrante. Vous vivez la colère que vous exprimez ou non, et ne trouvez plus de sens à ce que vous réalisez.

ÉMOTION PLAISANTE : LA JOIE DE RÉALISER

La joie est un sentiment de plaisir, de bonheur intense que vous éprouvez quand vous êtes satisfait des résultats de ce que vous réalisez.

Si vous réalisez quelque chose comme vous le souhaitez ou comme vous avez prévu de le faire, cela débouche sur une sensation de perfection et de respect des objectifs. Vous vivez la joie que vous exprimez ou non et vous trouvez du sens à ce que vous réalisez.

ÉMOTION DÉPLAISANTE : LA COLÈRE DE NE PAS RÉALISER

La colère est un état affectif, violent et passager, résultant du sentiment d'être agressé, d'un désagrément, qui traduit un vif mécontentement accompagné de réaction brutale.

Si vous ne réalisez pas comme vous le souhaitez ou comme il est prévu de le faire, cela débouche sur une sensation d'imperfection et d'insatisfaction frustrante. Vous vivez la colère que vous exprimez ou non et ne trouvez plus de sens à ce que vous réalisez.

LA CONSÉQUENCE POUR VOUS : VOUS VOUS SENTEZ COMPÉTENT OU VOUS USEZ

Si vous avancez, vous avez le sentiment d'être compétent. Vous réalisez ce que vous avez prévu, dans le temps imparti et/ou au niveau de qualité espéré. Quel sentiment plaisant que la satisfaction du devoir accompli !

En revanche, si vous vous voyez stagner, vous redoublez d'efforts pour avancer coûte que coûte. La situation devient difficile à vivre quand vous n'approchez pas de l'objectif que vous vous êtes fixé ou que vous vous en éloignez. Vous commencez à vous user, à épuiser votre entourage en générant une très grosse tension qui peut à terme vous détruire ou faire exploser les autres.

POUR FAIRE COURT

➢ **Sentiment d'avancer ou de stagner** : réaliser vos objectifs procure un sentiment de progression. L'absence de réalisation vous mène à l'impression de stagner.

➢ **Besoin de perfection** : vous cherchez à réaliser des tâches selon vos propres attentes et normes. L'impossibilité à atteindre vos standards engendre insatisfaction et frustration.

➢ **Sentiment de compétence** : progrès et réussites apportent satisfaction.

➢ **Usure émotionnelle** : la stagnation génère épuisement et tensions, détériorant les relations personnelles et professionnelles.

➢ **Recherche** : être détendu / éviter la tension.

À vous de jouer

Identifiez une situation où vous visitez principalement l'aile Satisfaction à terme. Comment la vivez-vous ? Est-elle plaisante ou déplaisante ?

....

....

....

LA PIÈCE DE L'AJUSTEMENT

Motivation : adaptabilité

« Face au monde qui change, il vaut mieux penser le changement que changer le pansement. »
Francis Blanche
auteur, acteur, et humoriste (1921-1974)

BIENVENUE DANS LA PIÈCE DE L'AJUSTEMENT ! L'IMPORTANT, C'EST D'Y ARRIVER !

Si vous imaginez votre maison des Méta-forts à travers la pièce de l'ajustement, elle pourrait apparaître comme une maison modulaire composée de blocs dont la disposition peut se modifier librement façon Lego. Vous pouvez l'adapter à vos besoins. Les parois et les baies vitrées coulissent pour créer des espaces différents en fonction du but recherché. Le terrain de sport adjacent peut convenir au foot, au basket et au tennis, en fonction de votre choix. Au-dessus de la porte, un dicton est écrit sur une plaque amovible qui peut être changée suivant la situation : « Une belle maison et celle qui s'adapte à nos vies ».

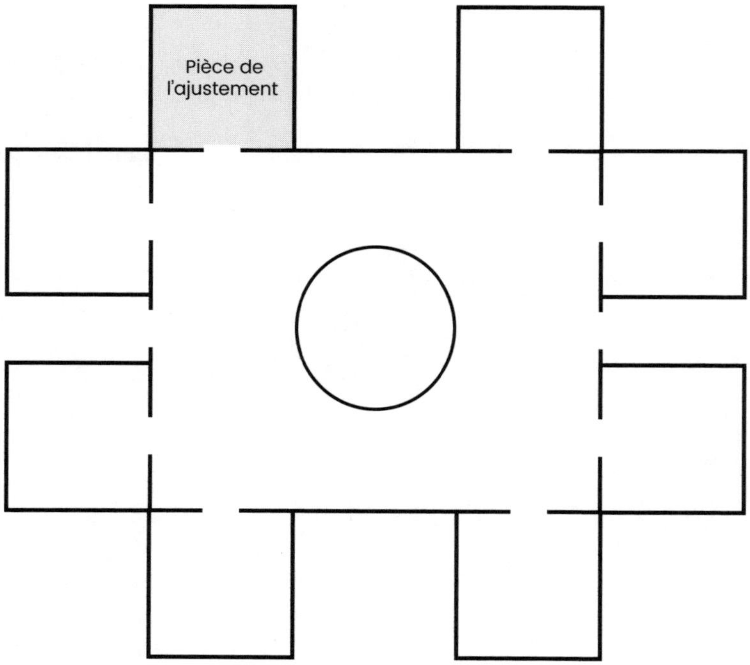

Cette histoire est-elle la vôtre ?

Bertrand est responsable des opérations dans une entreprise de logistique. Il possède une grande capacité d'adaptation face aux imprévus. Il passe beaucoup de temps dans la pièce de l'ajustement.

Exemple plaisant de la pièce de l'ajustement

Alors qu'un nouveau gros client attend une livraison, le camion transportant la marchandise tombe en panne. Les membres de l'équipe commencent à s'agiter, inquiets pour la satisfaction du client et les importantes pénalités de retard contractuelles. Pourtant, Bertrand reste calme. Il analyse rapidement la situation et appelle immédiatement un confrère pour organiser un transport alternatif, évitant ainsi un retard lourd de conséquences. Bertrand sait qu'il peut faire face à ce genre de situations, et sa capacité à s'adapter lui donne les ressources nécessaires pour agir efficacement.

Exemple déplaisant de la pièce de l'ajustement

Bertrand tente d'évaluer les options, mais les solutions ne viennent pas aussi rapidement que prévu. Lorsqu'il contacte ses confrères, ils lui répondent que la livraison pourrait prendre plusieurs heures et arriver hors délai. L'urgence de la situation pèse lourdement sur ses épaules. Bertrand se sent bloqué et perd son sang-froid. La pression de la responsabilité l'amène à se mettre en colère. Il commence à hausser le ton, frustré par le manque de solutions et par le fait que ses tentatives pour gérer la situation ne fonctionnent pas.

LA PIÈCE DE L'AJUSTEMENT PLAISANTE

Valeur de l'instant

Dans cette pièce, l'adaptation est votre valeur de l'instant, c'est-à-dire ce qui est important pour vous à l'instant T. Votre motivation est d'avancer vers votre but en ajustant, s'il le faut, le cadre pour l'aligner à la situation.

Crédo

Celui qui n'avance pas recule.

Pensées plaisantes

Vous anticipez en prévoyant des plans B pour éviter les blocages. Vous pensez solution et vous savez faire preuve de souplesse et de prise de hauteur. Le changement fait partie de votre quotidien et ne provoque aucun stress s'il vous permet d'avancer.

Biais cognitif

Vous utilisez parfois le biais cognitif « attentionnel ». Votre état d'esprit tourné solution influence la façon dont vous voyez la situation et vous pousse à ne prendre en considération que les éléments que vous trouvez pertinents. Vous les filtrez en fonction de votre façon de penser du moment. Ce qui vous permet d'être réactif, mais, parfois, vous conduit à aller un peu vite sans prendre en compte l'ensemble du contexte.

Émotion plaisante

Vous vivez particulièrement l'émotion « sang-froid ».
Synonymes : flegme, impassibilité, recul, détermination.

Quand vous faites preuve de sang-froid, vous avez la faculté de garder votre calme dans toutes les situations ce qui facilite la recherche de solutions et provoque un état de détente physique jouant positivement sur votre mental.

On peut vous voir comme quelqu'un de débrouillard puisque vous donnez la sensation de pouvoir faire face à n'importe quelle situation en trouvant des solutions.

Mais on peut aussi vous considérer comme instable. Trop de changement tue le changement. Cet excès donne l'impression que vous manquez de stabilité et que vous êtes trop rapide dans vos prises de décision.

Comportements positifs

Vous savez vous entourer de personnes susceptibles de vous apporter des solutions. L'étonnement ne vous fige pas et vous savez agir vite. Vous faites des points régulièrement pour savoir où vous en êtes. Vous savez déléguer pour progresser. Vous êtes ouvert à toutes les possibilités si tant est qu'elles vous fassent avancer.

Besoin

Vous recherchez la sécurité.

Communication appropriée

Vous savez parler ouvertement et tout en souplesse pour rechercher des solutions.

LA PIÈCE DE L'AJUSTEMENT DÉPLAISANTE

Valeur bafouée

Quand vous ne pouvez pas vous adapter, vous vous sentez bloqué. Le temps qui passe devient alors un facteur stressant.

Croyance limitante

Les règles sont faites pour être détournées.

Émotion déplaisante

Vous vivez particulièrement l'émotion « agacement » provoquée par la sensation de blocage ou par la confrontation à un « NON ».
Synonymes : irritation, crispation, énervement, exaspération.

Quand vous faites preuve d'agacement, vous perdez votre faculté d'analyse et de lucidité.

On peut vous voir comme quelqu'un de combatif qui sait transformer une émotion guerrière en actes positifs et motivants.

Mais on peut aussi vous considérer comme « agressif » quand vous avez des difficultés à trouver une solution et que vous utilisez un mode de communication sous tension.

Comportements réflexes

Pour avancer, vous pouvez franchir les limites du cadre plutôt que de les ajuster. Vous vous imposez la perfection ou vous l'imposez aux autres.

Si ça n'avance pas, vous vous persécutez ou vous persécutez les autres par des changements incessants. Vous imposez des processus que vous modifiez trop vite sans y avoir réfléchi. Vous exigez des autres un niveau de souplesse impossible à tenir, car le rythme des changements est beaucoup trop rapide et ne permet pas de souffler, ce qui provoque des tensions. Vos reproches concernant votre imperfection vous empêchent d'être satisfait de ce que vous réalisez.

Confusion

Vous confondez souplesse avec liberté totale, vitesse avec précipitation et expérimentation avec changement définitif.

Phénomène de l'imposteur

Vous pouvez être amené à vivre le phénomène de l'imposteur « perfectionniste ». Vous cherchez à atteindre la perfection. La moindre erreur vous apparaîtra comme un échec et le succès atteint en dépit de ces maladresses vous semblera immérité.

Communication inappropriée

Vous êtes changeant, déstabilisant et trop rapide dans vos conclusions. Vous faites preuve d'impatience quand vous attendez des réponses, ce qui fait paniquer vos interlocuteurs.

Procrastination

Tant que vous n'avez pas les solutions à tout ce qui pourrait arriver, vous remettez à demain ce que vous pouvez réaliser le jour même.

POUR ALLER PLUS LOIN

La perception des émotions

Dans la pièce de l'ajustement, vous considérez que le sang-froid et l'agacement sont des états opposés qui proviennent de la même souche émotionnelle. Ils représentent des réponses contraires à un même type de contexte.

Le sang-froid peut être considéré comme une stratégie de régulation émotionnelle qui vous permet de modérer l'agacement ou la colère. C'est un état de calme, de contrôle et de rationalité. Lorsque vous faites preuve de sang-froid, vous êtes capable de gérer vos émotions de façon posée et réfléchie. Vous vous exprimez de manière calme et constructive en cherchant à désamorcer les situations tendues. Le sang-froid permet de maintenir une clarté d'esprit. Cela vous aide à évaluer objectivement les situations et à agir de manière appropriée. Il favorise des interactions positives et la résolution pacifique des problèmes. Le sang-froid est généralement valorisé et respecté socialement, car il est associé à la maîtrise de soi et à la sagesse.

La perception de votre sang-froid par les autres est celle d'une personne soit débrouillarde, soit instable.

Vous êtes perçu comme débrouillard quand vous prenez des décisions efficaces et réglez des problèmes avec succès. En revanche, si vous changez trop souvent de stratégie ou de positionnement sans explications logiques ou claires, cela peut être interprété comme de l'instabilité et rendre les autres confus.

L'agacement ou la colère sont des émotions intenses qui résultent généralement d'un sentiment d'injustice, de frustration ou de menace. Il s'accompagne souvent d'une activation physiologique (augmentation du rythme cardiaque, de la pression artérielle et de crispations musculaires). Vous êtes enclin à agir de manière réactive, parfois sans réfléchir aux conséquences de vos actes. L'agacement peut nuire à votre capacité d'analyse et de prise de décision. Il peut brouiller le jugement et vous mener à des choix regrettables ou destructeurs. Il peut engendrer des conflits et des tensions dans les relations, créant un climat d'hostilité ou de méfiance entre les individus.

La perception de votre agacement par les autres est celle d'une personne soit combative, soit agressive.

Vous êtes perçu comme combatif, courageux ou déterminé quand vous défendez vos droits, vos idées ou que vous tentez de surmonter un obstacle. En revanche, si les autres estiment que l'intention de votre agacement est de nuire ou de contrôler, cela peut être interprété comme agressif, disproportionné ou menaçant et associé à une perte de contrôle.

Exemple

Vous perdez 3-0 à la mi-temps d'un match de football, l'entraîneur cherchera à vous faire réagir en provoquant votre agacement. Au retour des vestiaires, vous allez soit vous battre comme un diable et courir après tous les ballons, soit faucher tous les adversaires à votre portée en risquant un carton rouge. Cet agacement cache l'humiliation de perdre et vous fournit un booster d'énergie.

L'agacement peut mobiliser votre énergie pour faire face à un blocage, tandis que le sang-froid vous permet de traiter la situation avec stratégie et équilibre. Cela montre que, bien que les émotions soient opposées, quand elles sont gérées positivement, elles peuvent toutes deux être utiles.

ATTENTION

Votre agacement cache très souvent une autre émotion et n'est que l'expression de votre impuissance face à la situation. Au lieu de reconnaître votre tristesse, votre dégoût ou votre peur, il détourne l'attention en empêchant les autres d'identifier la réelle source du problème.

IL NE FAUT PAS CONFONDRE

Souplesse *versus* Liberté totale

La souplesse est la capacité à ajuster vos actions en fonction des circonstances tout en respectant les limites prédéfinies.

La liberté totale signifie que vous agissez sans limites ni contraintes, ce qui peut rapidement mener à l'anarchie et à l'échec. Elle ne tient pas compte des conséquences de vos actions sur les autres.

Confondre souplesse et liberté totale consiste donc à effectuer des changements trop radicaux là où des réglages raisonnables suffisent. Agir sans limite peut conduire à ne plus respecter les normes et à devenir irresponsable.

Vitesse *versus* Précipitation

La vitesse fait référence à la rapidité avec laquelle vous accomplissez une tâche. Elle n'empêche pas la réflexion et vous rend productif ou innovant.

La précipitation est votre manière d'avancer de façon trop hâtive ou irréfléchie, sans prise en compte des conséquences. Elle peut nuire à la qualité et entraîner des erreurs et des résultats non souhaités. Elle ne laisse pas le temps nécessaire pour explorer des solutions alternatives, réfléchir à des idées ou ajuster des plans.

A contrario, aller vite sans précipitation vous permet de prendre des décisions éclairées et réfléchies tout en restant efficace.

Tester *versus* Changer

Quand vous testez, vous évaluez, expérimentez ou contrôlez une solution dans le but de comprendre son efficacité ou de valider une hypothèse avant de prendre une décision définitive.

Changer signifie partir sur une nouvelle solution sans garantie de réussite, sans en connaître les conséquences et sans retour en arrière possible.

Tester implique une évaluation réfléchie avant changement, tandis que changer sans tester est une action impulsive sans fondement.

POUR FAIRE COURT

La pièce de l'ajustement plaisante

- **Valeur :** l'adaptation
- **Émotion plaisante :** sang-froid
- **Image positive perçue :** débrouillard
- **Image négative perçue :** instable
- **Comportement positif :** vous vous adaptez, vous changez.
- **Conséquences :** vous vous sentez détendu.

La pièce de l'ajustement déplaisante

- **Valeur bafouée :** le blocage.
- **Émotion déplaisante :** agacement, colère face au « non ».
- **Image positive perçue :** combatif.
- **Image négative perçue :** agressif.
- **Comportement négatif :** vous franchissez les limites.
- **Conséquences :** vous vous sentez tendu.

Réflexion

Et vous, à quel endroit de votre véritable habitation verriez-vous la pièce de l'ajustement ? S'agirait-il, par exemple, de votre bureau que vous transformez en chambre d'invités ou de votre garage que vous convertissez en atelier de bricolage ?

....

À vous de jouer

Identifiez une situation dans laquelle vous visitez principalement la pièce de l'ajustement. Comment la vivez-vous ? Est-elle plaisante ou déplaisante ?

....

....

....

LA PIÈCE DE L'UTILE

Motivation : efficacité

« Il n'y a rien de plus inutile que de faire
avec efficacité quelque chose
qui ne doit pas du tout être fait. »
Peter Drucker,
journaliste économique (1909-2005)

BIENVENUE DANS LA PIÈCE DE L'UTILE ! CE QUI EST FAIT N'EST PLUS À FAIRE !

Si vous imaginez votre maison des Méta-forts uniquement à travers la pièce de l'utile, elle pourrait apparaître comme une maison classique, simple, sans artifice, propre et optimisée pour répondre à des besoins bien identifiés. Un jardin à la française avec une belle pelouse parfaitement entretenue l'entourerait. Elle serait proche des commerces et des moyens de transport. On y accéderait facilement et elle posséderait un grand garage. Au-dessus de la porte, un dicton serait écrit sur une plaque solidement fixée par quatre vis précisément placées aux quatre coins : « Maison ordonnée, bonheur assuré ».

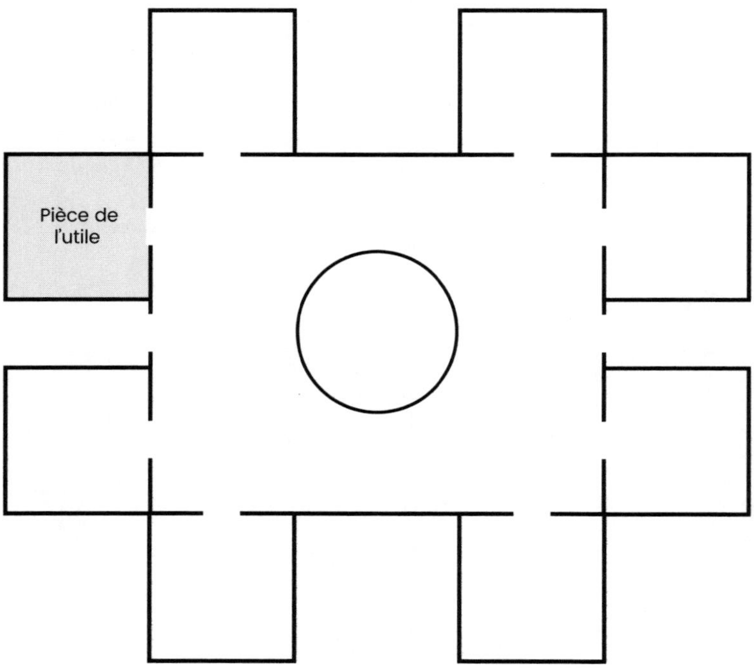

Cette histoire est-elle la vôtre ?

Sophie est RH dans une entreprise du bâtiment. Elle est reconnue pour son sens de l'organisation qui lui permet de gérer plusieurs tâches avec efficacité. L'entreprise décide de mettre en œuvre un nouveau système de gestion des performances et Sophie est chargée de diriger le projet.

Exemple plaisant de la pièce de l'utile

Elle commence par établir un plan clair, précis et logique qui décrit les étapes clés et les responsabilités de chaque membre de l'équipe. Puis, elle crée un tableau de suivi de projet qui permet à tous de suivre la réalisation des objectifs. Son organisation méthodique inspire la sérénité. Son grand plaisir est de cocher au fur et à mesure les étapes sur son application de gestion de projet. Sophie fait référence au cadre et aux règles pour résoudre les problèmes rencontrés. Finalement, le nouveau système est mis en œuvre avec succès et dans les délais impartis. Elle peut enfin se détendre.

Exemple déplaisant de la pièce de l'utile

Rien ne se passe comme prévu. Des problèmes surviennent au fur et à mesure que le projet avance. Sophie s'inquiète de ne pas finir le projet dans les temps. Elle ressent une forte pression face à la situation, ce qui provoque en elle de l'anxiété. Elle se met à surcontrôler les détails, multiplier les réunions et les rapports d'activité. Sophie ne délègue plus. Elle passe en mode micro-management, s'usant et usant ses équipes au passage. Elle est en colère contre elle-même, se rendant compte que rien ne se passe comme prévu. Elle n'en dort plus et n'arrive plus à se détendre.

LA PIÈCE DE L'UTILE PLAISANTE

Valeur de l'instant

Dans cette pièce, l'efficacité est votre valeur de l'instant, c'est-à-dire ce qui est important pour vous à l'instant T. Votre motivation est d'avancer vers votre but en respectant le cadre et les règles proposés par la situation.

Crédo

Le temps perdu ne se rattrape jamais.

Pensées plaisantes

Vous aimez respecter le cadre et donner du sens à ce que vous réalisez. Vous vous projetez beaucoup et vous identifiez les bienfaits qui vous attendent une fois l'objectif atteint. Vous appréciez d'être reconnu pour vos réalisations.

Biais cognitif

Vous utilisez parfois le biais cognitif « disponibilité ». Vous avez tendance à raisonner en privilégiant ou surestimant les informations stéréotypées immédiatement disponibles à votre mémoire. Vous ne recherchez pas de nouvelles informations qui pourraient éclairer la question sous un jour nouveau et remettre en question vos croyances ou le respect des règles.

Émotions plaisantes

Vous vivez particulièrement l'émotion « sérénité ».
Synonymes : calme, tranquillité, quiétude, apaisement.

Quand vous faites preuve de sérénité, vous avez accès à votre pensée claire, objective et logique, facilitant la prise de décision et le respect du cadre. Cela provoque un état de détente physique jouant positivement sur votre mental.

On peut vous voir comme quelqu'un de sécurisant puisque vous donnez la sensation d'avancer régulièrement comme prévu, de savoir où vous allez. On comprend que c'est le fruit de l'organisation ou des méthodes que vous mettez en place.

Mais on peut aussi vous considérer comme rigide. Trop d'organisation tue l'organisation.

Comportements positifs

Vous appréciez l'organisation, les choses claires et précises. Vous réfléchissez avant de passer à l'action et vous planifiez les étapes afin d'en contrôler le bon déroulement.

Besoin

Vous recherchez la sécurité.

Communication appropriée

Vous détaillez, expliquez avec efficacité et précision.

LA PIÈCE DE L'UTILE DÉPLAISANTE

Valeur bafouée

Quand vous ne pouvez pas vous organiser, vous projeter ou réaliser ce qui est prévu, vous vous sentez inefficace.

Le temps qui passe devient alors un facteur stressant. Le changement est douloureux dans le sens où il modifie forcément votre organisation et provoque un stress important.

Croyance limitante

Vous ne pouvez pas vous détendre, tant que tout n'est pas parfait.

Émotion déplaisante

Vous vivez particulièrement l'émotion « anxiété ».
Synonymes : inquiétude, crainte, angoisse, panique.

Quand vous faites preuve d'anxiété, vous perdez votre faculté d'analyse et de lucidité.

On peut vous voir comme quelqu'un de « vigilant » qui sait utiliser son anxiété comme une alerte lui indiquant qu'il doit contrôler ce qui est réalisé.

Mais on peut aussi vous considérer comme « alarmiste » quand vous semblez paniquer face à la situation, ayant tendance à exagérer les problèmes.

Comportements réflexes

Pour avancer, vous pouvez passer en mode surcontrôle et complexifier les processus. Cela a pour conséquence de ralentir le travail et de démotiver les bonnes volontés. Vous vous imposez la perfection ou vous l'imposez aux autres.

Si ça n'avance pas, vous vous persécutez ou persécutez les autres par un surcontrôle incessant. Vous imposez des processus rigides, des niveaux de perfection impossibles à tenir, ce qui provoque des tensions.

Vos reproches concernant votre imperfection vous empêchent d'être satisfait de ce que vous réalisez.

Confusion

Vous confondez alors contrôle avec surcontrôle, qualité avec perfection, travailler avec s'épuiser.

Phénomène de l'imposteur

Vous pouvez être amené à vivre les phénomènes de l'imposteur « perfectionniste » et « solitaire ». Perfectionniste : vous cherchez à atteindre la perfection. La moindre erreur vous apparaît comme un échec et le succès atteint en dépit de ces maladresses vous semble immérité. Solitaire : vous cherchez à réussir par vos propres moyens. Accepter l'aide ou le soutien des autres est un aveu de faiblesse ou d'échec.

Communication inappropriée

Vous avez tendance à alourdir votre communication en ajoutant trop de détails et en vous répétant. Vous construisez vos phrases en utilisant des parenthèses de parenthèses qui vous donnent l'illusion d'être efficace, mais qui ont tendance à perdre vos interlocuteurs. Votre ton est froid et vous ne savez pas être synthétique.

Procrastination

Tant que vous n'êtes pas certain de réaliser parfaitement ce que vous devez faire, vous remettez à demain ce que vous pouvez réaliser le jour même.

POUR ALLER PLUS LOIN

Dans la pièce de l'utile, vous considérez que la sérénité et l'anxiété sont des états opposés qui proviennent de la même souche émotionnelle. Elles représentent des réponses contraires à un même type de contexte.

La sérénité est un état de calme, de paix intérieure, et de contentement. Elle se manifeste par un sentiment de stabilité émotionnelle. Elle vous donne accès à la pensée claire, et à la prise de décision posée. Elle se traduit par une absence de tension musculaire. La sérénité favorise les interactions sociales apaisées et peut permettre d'éviter le conflit.

La perception de votre sérénité par les autres est celle d'une personne soit sécurisante, soit rigide.

Vous êtes perçu comme sécurisant quand vous mettez en place une organisation, des méthodes, des contrôles, des plans d'action et du suivi. En revanche, si cette organisation et ces méthodes sont jugées trop contraignantes et non adaptables à la situation, vous êtes perçu comme rigide et vous pouvez provoquer des blocages chez les autres.

L'anxiété, en revanche, est caractérisée par des sentiments d'inquiétude entraînant de grosses tensions et un affolement émotionnel. Elle brouille votre pensée et vous incite à ruminer vos soucis. Elle complique la prise de décision, vous amenant à percevoir chaque blocage comme une difficulté insurmontable provoquant un sentiment d'impuissance. L'anxiété complique les relations sociales, conduisant à des comportements de retrait ou à des conflits dus à des malentendus.

La perception de votre anxiété par les autres est celle d'une personne soit vigilante, soit alarmiste.

Vous êtes perçu comme vigilant quand vous êtes attentif à la réalisation de vos objectifs en suivant vos résultats avec régularité pour réagir rapidement. En revanche, si les autres estiment que la multiplicité des méthodes et des organisations alourdit inutilement les processus, vous apparaissez comme quelqu'un qui panique et qui devient alarmiste ne sachant plus par quel bout prendre la problématique.

ATTENTION

Votre anxiété provoque souvent une colère intérieure non exprimée liée à un sentiment d'imperfection. Elle va alors vous user et provoquer des tensions physiques importantes.

Alors que la sérénité favorise le calme, la clarté et les interactions positives, l'anxiété génère agitation, inquiétude et détresse. La sérénité et l'anxiété représentent des états émotionnels opposés en raison de leurs effets contrastés sur le bien-être mental, physique et social.

IL NE FAUT PAS CONFONDRE

Contrôle *versus* Surcontrôle

Votre recherche d'efficacité vous amène à contrôler régulièrement l'avancée de vos projets. C'est très sécurisant pour vous.

Le surcontrôle correspond à votre besoin de dominer les imprévus avec précision. Il vous invite à poser des vérifications inutiles et lourdes à mettre en place. Il ne tient pas compte des impacts que cela peut avoir sur les autres.

Confondre contrôle et surcontrôle consiste donc à effectuer un micro-management coûteux en énergie pour tout le monde au lieu d'un management aidant. Cela peut conduire à une baisse de la motivation des collaborateurs qui ont le sentiment de perdre en autonomie et en fluidité.

Qualité *versus* Perfection

La qualité fait référence à l'ensemble des critères correspondant à ce que l'on attend.

La perfection est votre vision ultime de la qualité.

Confondre qualité et perfection, c'est refuser le moindre défaut et vouloir constamment faire plus et mieux. Si cette démarche est louable, elle peut néanmoins créer un sentiment de constante insatisfaction du travail réalisé par vous et les autres. Elle use à terme.

Travailler *versus* S'épuiser

Travailler, c'est faire un effort dans le but d'obtenir un résultat. Comme après tout effort, il faut prévoir une phase de récupération afin de pouvoir en fournir à nouveau.

Si vous ne vous réservez pas ou ne réservez pas à vos équipes ces moments de repos, vous allez épuiser tout le monde, y compris vous-même.

POUR FAIRE COURT

La pièce de l'utile plaisante

- **Valeur :** l'efficacité.
- **Émotion plaisante :** sérénité.
- **Image positive perçue :** sécurisante.
- **Image négative perçue :** rigide.
- **Comportement positif :** vous organisez.
- **Conséquences :** vous vous sentez détendu.

La pièce de l'utile déplaisante

- **Valeur bafouée :** l'inefficacité.
- **Émotion déplaisante :** anxiété.
- **Image positive perçue :** vigilante.
- **Image négative perçue :** alarmiste.
- **Comportement négatif :** vous surcontrôlez.
- **Conséquences :** vous vous sentez tendu.

Réflexion

Et vous, à quel endroit de votre véritable habitation verriez-vous la pièce de l'utile ? S'agirait-il, par exemple, de votre buanderie, de votre cuisine où vous faites à manger pour nourrir votre famille ?

....

À vous de jouer

Identifiez une situation où vous visitez principalement la pièce de l'utile. Comment la vivez-vous ? Est-elle plaisante ou déplaisante ?

....

....

....

L'AILE SATISFACTION IMMÉDIATE

Réaliser avec plaisir

« Pourquoi ne pas profiter immédiatement des plaisirs ? Combien d'instants de bonheur ont été gâchés par trop de préparation ? »
Jane Austen,
romancière (1775-1817)

Cette histoire est-elle la vôtre ?

Marc est le responsable d'un dépôt de distribution de produits alimentaires. Il a eu cette année des objectifs ambitieux pour rendre les entrepôts dont il a la charge plus performants et efficaces. Il doit réduire le temps de traitement des commandes et améliorer la satisfaction client.

Version plaisante

Marc adore son travail. Il considère cet objectif comme une opportunité de mettre en place ses idées pour améliorer les processus. Il communique avec enthousiasme, encourage les solutions innovantes, ce qui crée une bonne ambiance. Il repense l'agencement du dépôt pour rendre le travail plus fluide et moins pénible. À chaque changement réussi, il organise un déjeuner convivial avec toute l'équipe. Les contacts clients et les retours positifs génèrent une dynamique motivante. Marc exprime régulièrement son bonheur de travailler avec son équipe dans cette ambiance, rappelant que si la performance débouche parfois sur de la joie, la joie débouche toujours sur la performance.

Version déplaisante

Marc ressent un profond dégoût face à l'ambiance délétère qui règne dans son dépôt. Les objectifs semblent de plus en plus inaccessibles en raison d'un manque de communication et d'engagement, source de tensions pesantes. Marc tente d'organiser une réunion pour encourager tout le monde à exprimer ses idées. Mais les membres de l'équipe, fatigués et frustrés, préfèrent critiquer plutôt que rechercher des solutions innovantes. Dans le but de créer une atmosphère sympathique, Marc organise un repas censé détendre ses collaborateurs. Personne ne parle et il comprend qu'il sera difficile de relancer la dynamique. Chacun semble bloqué dans sa routine, ne ressentant aucun plaisir à venir travailler. Marc vit un moment de solitude qui l'isole des autres. Il se sent dégoûté de voir que, malgré ses bonnes intentions et son désir de faire avancer les choses, l'ambiance négative et le manque d'enthousiasme de son équipe font stagner le projet.

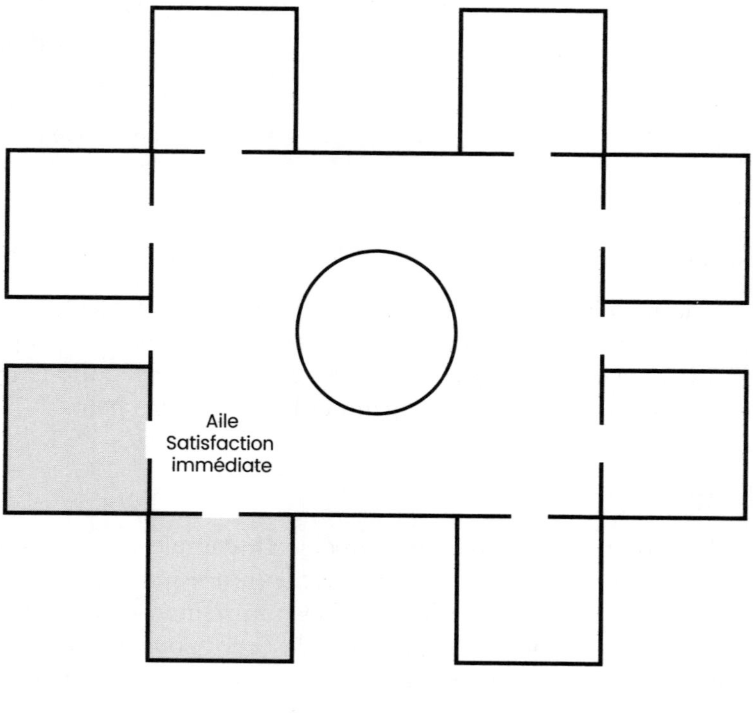

VOS PENSÉES : JE SAVOURE OU JE SATURE

Si vous réalisez quelque chose dans une ambiance dynamique, vous aurez la sensation de savourer l'instant et de travailler dans le plaisir. Il est donc essentiel d'avoir un climat énergisant pour obtenir les bénéfices positifs de cette aile.

Si vous ne réalisez pas comme vous le souhaitez, vous aurez la sensation de saturer.

VOTRE BESOIN : RÉALISER AVEC PLAISIR OU ENVIE

Si vous réalisez quelque chose, vous recherchez à le faire dans une ambiance décontractée. Votre définition de la détente détermine le niveau de votre attente.

Si vous réalisez quelque chose dans une ambiance qui ne vous convient pas, cela débouche sur une sensation de saturation démotivante et d'insatisfaction frustrante. Vous vivez le dégoût que vous exprimez ou non et vous vous isolez des autres ou alors ce sont les autres qui vous isolent.

ÉMOTION PLAISANTE : LA JOIE DE PROFITER DE L'INSTANT PRÉSENT

La joie est un sentiment de plaisir, de bonheur intense que vous éprouvez quand vous êtes satisfait de la façon dont vous réalisez.

Si vous réalisez quelque chose comme vous le souhaitez, cela débouche sur une sensation de bonheur et de convivialité. Vous vivez la joie que vous exprimez ou non et vous profitez totalement de l'instant présent.

ÉMOTION DÉPLAISANTE : LE DÉGOÛT DE L'INSTANT PRÉSENT

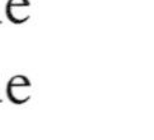

Le dégoût est un état affectif, violent et passager, résultant du sentiment d'une agression, d'un désagrément qui traduit un vif mécontentement et accompagné de réaction brutale.

Si vous ne réalisez rien, cela débouche sur une sensation d'insatisfaction frustrante. Vous vivez le dégoût de la situation que vous exprimez ou non et l'envie de vous réaliser. Vous n'avez plus l'énergie pour agir.

LA CONSÉQUENCE POUR VOUS : VOUS VOUS ISOLEZ OU ON VOUS ISOLE

Un sentiment énergisant vous envahit si vous prenez du plaisir à avancer. Vous réalisez quelque chose comme vous le souhaitez dans une ambiance qui vous convient. Quel sentiment plaisant que la satisfaction de venir travailler dans la joie et la bonne humeur !

En revanche, si vous traînez des pieds, vous allez vous isoler et faire en sorte que les autres vous isolent. La situation devient difficile à vivre quand l'ambiance est au plus bas. Vous êtes blasé, cynique, ou absent même quand vous êtes présent.

POUR FAIRE COURT

➢ **Sentiment de savourer ou de saturer :** être dans un climat détendu vous donne de l'énergie. L'absence d'ambiance vous mène à l'impression de saturer.

➢ **Besoin de réaliser dans le plaisir** : chercher à réaliser des tâches par envie et non par obligation. L'impossibilité de vivre un climat motivant engendre insatisfaction et frustration.

➢ **Vivre l'instant** : prendre du plaisir à chaque instant apporte de la satisfaction.

➢ **Usure émotionnelle** : le dégoût de la situation génère épuisement et tensions, détériorant les relations personnelles et professionnelles.

➢ **Recherche** : être détendu / éviter la tension.

À vous de jouer

Identifiez une situation où vous visitez principalement l'aile Satisfaction immédiate. Comment la vivez-vous ? Est-elle plaisante ou déplaisante ?

....

....

....

LA PIÈCE DE LA PASSION

Motivation : envie

« J'essaie de me concentrer sur ma concentration. »
Martina Navratilova (1956)

BIENVENUE DANS LA PIÈCE DE LA PASSION ! L'EFFORT, SANS EFFORT !

Si vous imaginez votre maison des Méta-forts uniquement à travers la pièce de la passion, elle pourrait apparaître comme une maison en L dont chaque partie a une fonction spécifique. Une partie est aménagée pour y habiter et l'autre pour y vivre sa passion. Elle ne comporte pas de décoration et dispose d'un jardin naturel à l'anglaise. Elle se situe à l'écart de la ville, au calme. Son chemin d'accès est discret et ne laisse en rien présager l'endroit où il vous mène. Au-dessus de la porte, un dicton est pyrogravé sur une plaque en bois recyclée au découpage approximatif : « Une belle maison encourage la passion ».

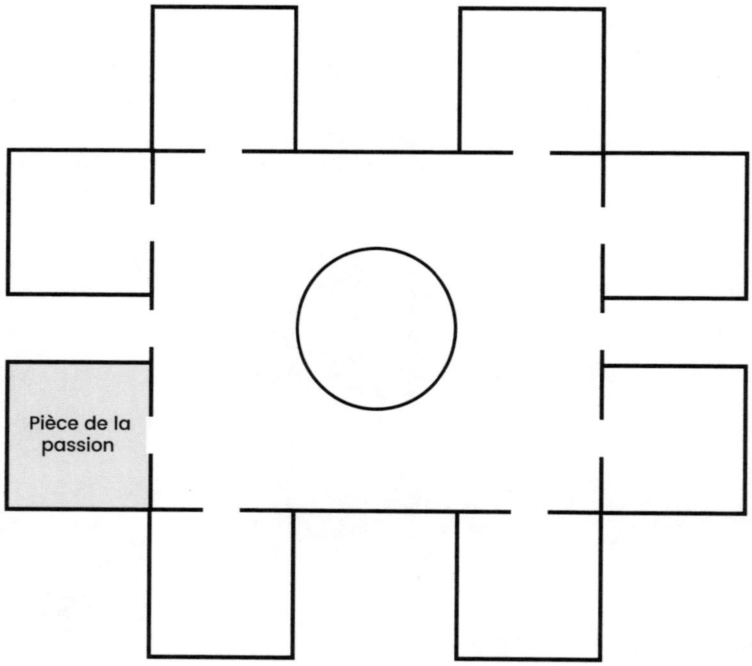

Cette histoire est-elle la vôtre ?

Sylvie est contrôleuse de gestion dans une grosse PME. Passionnée par son métier, elle aborde chaque journée de travail avec enthousiasme et envie.

Exemple plaisant de la pièce de la passion

Tous les matins, elle arrive au bureau avec le sourire aux lèvres, impatiente de commencer sa journée. Pour Sylvie, la gestion n'est pas seulement une question de chiffres. C'est un domaine complexe et enrichissant qu'elle aime explorer dans le calme de son bureau. Elle voit chaque tâche comme une opportunité de creuser encore davantage le sujet. Sa curiosité naturelle l'amène à chercher des moyens étonnants d'améliorer la rentabilité. Elle propose régulièrement de nouvelles approches lors des réunions. Elle aime partager sa passion avec ses collègues. Elle organise souvent des ateliers pour expliquer des concepts financiers de manière accessible et pratique, pour que tout le monde se sente plus à l'aise avec cet aspect de l'entreprise. Son enthousiasme est contagieux et crée une ambiance collaborative au sein de l'équipe. Elle prouve chaque jour que la passion peut transformer une tâche jugée rébarbative en une véritable source d'épanouissement personnel.

Exemple déplaisant de la pièce de la passion

Ces derniers temps, Sylvie arrive au bureau, mais son enthousiasme a disparu, remplacé par un sentiment de passivité et de monotonie. Les tâches qui la passionnaient auparavant lui semblent désormais répétitives et sans intérêt. Elle finit par éviter d'échanger sur la mise en place de projets avec ses collègues. Elle se perd dans ses pensées, se désintéresse des actualités liées aux finances d'entreprise qui la passionnaient tant avant. Elle se contente de donner des réponses vagues quand on lui pose une question, ne cherchant plus à partager ses idées. Son engouement a disparu. Sylvie préfère rester enfermée dans son bureau, se concentrant sur ses tâches. Cette attitude met une distance entre elle et ses collègues, qui la sentent désengagée. Elle est submergée par un sentiment de lassitude.

LA PIÈCE DE LA PASSION PLAISANTE

Valeur de l'instant

Dans cette pièce, l'envie est votre valeur de l'instant, c'est-à-dire ce qui est important pour vous à l'instant T. Votre motivation est de savourer le moment présent en respectant le cadre et les règles proposées par la situation.

Crédo

Faire et défaire pour mieux faire.

Pensées plaisantes

Vous aimez prendre le temps d'approfondir ce que vous faites. Vous vous laissez guider par l'envie en vous nourrissant de tout ce qui vous entoure. Vous êtes dans l'instant présent et recherchez le calme pour mieux vous focaliser sur vos passions.

Biais cognitif

Vous utilisez parfois le biais cognitif « effet IKEA ». Vous avez tendance à accorder une valeur plus importante, voire disproportionnée, à ce que vous avez créé. Vous allez croire en vos idées parce que vous y avez mis votre cœur, donné votre énergie et votre temps. Vous tentez de les faire accepter, mais vous vous résignez à les abandonner si vous sentez qu'elles ne conviennent pas à la situation.

Émotion plaisante

Vous vivez particulièrement l'émotion « enthousiasme ».
Synonymes : joie, engouement, exaltation, euphorie.

Quand vous faites preuve d'enthousiasme, vous avez accès à votre dynamisme, votre énergie et votre capacité à vous focaliser sur un sujet, ce qui provoque un état de détente physique jouant positivement sur votre mental.

On peut vous voir comme quelqu'un de toujours concerné parce que vous donnez envie aux autres de s'intéresser à ce qui vous passionne. Mais on peut aussi vous considérer comme obsessionnel. Trop de passion tue la passion. Cet excès donne l'impression que vous n'arrivez plus à penser à autre chose qu'au sujet qui vous intéresse, vous excluant quelque part de la relation avec le monde qui vous entoure.

Comportement positif

Vous êtes débordant d'imagination et savez vous focaliser sur une tâche ou une idée. Vous vous impliquez, aimez vous spécialiser et partager votre passion.

Besoin

Vous recherchez la stimulation.

Communication appropriée

Vous savez parler calmement de façon captivante et étonnante.

LA PIÈCE DE LA PASSION DÉPLAISANTE

Valeur bafouée

Quand vous ne pouvez pas vous concentrer sur votre sujet du moment, vous perdez l'envie de réaliser quelque chose. La communication devient alors un facteur stressant.

Croyance limitante

Il n'y a point besoin de se parler pour se comprendre.

Émotion déplaisante

Vous vivez particulièrement l'émotion « lassitude ».
Synonymes : ennui, découragement, accablement, démoralisation.

Quand vous faites preuve de lassitude, vous perdez votre énergie et l'attrait pour le sujet qui vous passionnait pourtant.

On peut vous voir comme quelqu'un « de concerné » qui sait utiliser sa lassitude comme un moteur pour retrouver de l'intérêt.

Mais on peut aussi vous considérer comme « passif » quand vous vous figez face au désintérêt pour votre travail.

Comportements réflexes

Vous entrez dans un mutisme profond en ne communiquant plus avec les autres, ce qui a tendance à irriter vos interlocuteurs.

Si vous perdez l'enthousiasme, vous irez jusqu'à vous victimiser en entrant dans un mode plaintif silencieux. Vous vous imposez de serrer les dents pour ne pas montrer votre désengagement, et vous vous isolez totalement des autres en coupant la relation. Vos reproches concernant votre manque d'envie vous empêchent d'être satisfait de ce que vous réalisez.

Parce que vous adorez ce sur quoi vous vous concentrez, vous êtes incapable de penser à autre chose et vous désintéressez du quotidien et de votre entourage ce qui vous pousse à vous isoler totalement.

Confusion

Vous confondez alors calme avec inaction, passion avec obsession, concentration avec isolement.

Phénomène de l'imposteur

Vous pouvez être amené à vivre le phénomène de l'imposteur « l'expert ». Vous vous fiez aux connaissances inégalées que vous avez acquises et considérez que si vous ne savez pas tout, c'est que vous ne savez rien. Un échec ou une incertitude peut donc vous donner l'impression d'être un imposteur.

Communication inappropriée

La communication est douloureuse pour vous dans le sens où elle vous oblige à interagir et à sortir de votre bulle. Votre façon de parler est passive, confuse, incomplète et manque profondément de concret, ce qui a pour conséquence de rendre vos interlocuteurs impatients.

Procrastination

Vous remettez à demain ce que vous pouvez réaliser le jour même pour continuer à prendre du plaisir immédiatement et refuser la promiscuité.

POUR ALLER PLUS LOIN

LA PERCEPTION DES ÉMOTIONS

Dans la pièce de la passion, vous considérez que l'enthousiasme et la lassitude sont des états opposés qui proviennent de la même souche émotionnelle. Ils représentent des réponses contraires à un même type de contexte.

L'enthousiasme est un état de dynamisme et d'excitation. Vous ressentez une augmentation de votre énergie et une volonté de vous engager dans des projets, d'explorer de nouvelles idées ou de vous plonger dans un monde qui vous passionne.

La perception de votre enthousiasme par les autres est celle d'une personne soit concernée, soit obsessionnelle.

Vous êtes perçu comme concerné quand vous vous investissez totalement dans la tâche en vous passionnant pour celle-ci et en faisant partager votre passion aux autres. En revanche, si le sujet vous passionne tellement que vous ne pensez plus qu'à ça et que vous ne cessez d'en parler, vous êtes perçu comme obsessionnel et vous pouvez provoquer l'éloignement chez les autres.

La lassitude, en revanche, se manifeste par un manque d'énergie et d'intérêt. Elle peut donner lieu à une sensation de fatigue, d'ennui et à une diminution de l'engagement face à des tâches ou des activités. Vous êtes apathique et solitaire, vous ne montrez que peu d'émotions.

La perception de votre lassitude par les autres est celle d'une personne soit impliquée, soit passive.

Vous êtes perçu comme impliqué quand, conscient de votre baisse d'énergie, vous cherchez à faire renaître la flamme en abordant les choses différemment pour leur redonner de l'intérêt. En revanche, si la lassitude vous gagne de trop, les autres vous verront comme passif, acceptant la situation sans réactions et vous isolant par votre inaction et votre absence de communication.

ATTENTION

Votre lassitude provoque souvent un dégoût de la situation ou de la vie favorisant une introspection qui peut s'avérer destructrice si elle est mal gérée. Elle va alors vous isoler et provoquer des tensions physiques importantes.

Alors que l'enthousiasme donne de l'énergie et incite à l'interaction sociale, la lassitude génère de la fatigue, du doute et de la détresse. L'enthousiasme et la lassitude représentent des états émotionnels opposés en raison de leurs effets contrastés sur le bien-être mental, physique et social.

IL NE FAUT PAS CONFONDRE

Calme *versus* Inaction

Le calme fait référence à l'absence d'agitation et de perturbation. Il permet une clarté d'esprit et une possibilité de réflexion.

L'inaction correspond à une absence totale d'activité, un manque de réponse ou d'engagement.

Confondre calme et inaction consiste donc à rater des opportunités, à couper la communication ou à stagner. Cela peut conduire à une perte de motivation pour les collaborateurs qui ont le sentiment d'être seuls et abandonnés.

Passion *versus* Obsession

La passion fait référence à un fort enthousiasme, un intérêt pour une activité ou une idée. Elle conduit à votre épanouissement personnel qui rejaillit sur votre entourage.

L'obsession est une préoccupation excessive pour une idée ou un sujet.

Confondre passion et obsession, c'est adopter un comportement compulsif, fermé à tout autre chose que sa passion et qui crée un sentiment de rejet chez les autres.

Concentration *versus* Isolement

La concentration fait référence à votre capacité à focaliser votre attention sur une tâche ou un objectif spécifique.

L'isolement vous sépare des autres et crée une distance avec eux. Il peut être physique, social ou émotionnel.

Confondre concentration et isolement, c'est adopter un mode de travail perçu comme solitaire, dans lequel les autres se sentent oubliés ou abandonnés.

POUR FAIRE COURT

La pièce de la passion plaisante

- **Valeur :** l'envie.
- **Émotion plaisante :** enthousiasme.
- **Image positive perçue :** concerné.
- **Image négative perçue :** obsessionnel.
- **Comportement positif :** vous partagez.
- **Conséquences :** vous vous sentez détendu.

La pièce de la passion déplaisante

- **Valeur bafouée :** la perte d'envie.
- **Émotion déplaisante :** lassitude.
- **Image positive perçue :** impliqué.
- **Image négative perçue :** passif.
- **Comportement négatif :** vous décrochez.
- **Conséquences :** vous vous sentez tendu.

Réflexion

Et vous, à quel endroit de votre véritable habitation verriez-vous la pièce de la passion ? S'agirait-il de votre atelier de peinture, sculpture, de votre bibliothèque ou de votre cuisine où vous vivez votre passion en réalisant des recettes succulentes ?

....

À vous de jouer

Identifiez une situation où vous visitez principalement la pièce de la passion. Comment la vivez-vous ? Est-elle plaisante ou déplaisante ?

....

....

....

LA PIÈCE DES LIBERTÉS

Motivation : créativité

« L'homme qui réclame la liberté,
c'est au bonheur qu'il pense. »
Claude Aveline
agronome, homme de lettres et peintre (1901-1992)

BIENVENUE DANS LA PIÈCE DES LIBERTÉS ! SORTIR DU CADRE !

Si vous imaginez votre maison des Méta-forts uniquement à travers la pièce des libertés, elle pourrait apparaître comme une maison originale soit dans les matériaux utilisés, soit dans sa forme, soit dans sa couleur. Située en plein centre-ville, son jardin regorge d'espaces de jeux. Une grange transformée en salle de spectacle siège en son milieu. Sur les murs, des fresques joyeuses. Au-dessus de la porte, un dicton est gravé sur une plaque de couleur en forme de sourire : « Maison originale, liberté totale ».

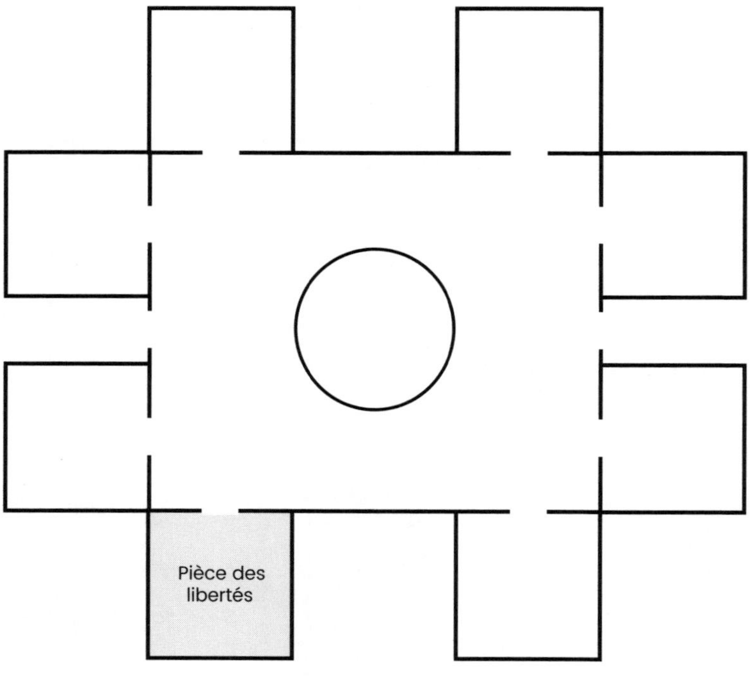

Cette histoire est-elle la vôtre ?

Julien est un membre dynamique du service marketing d'une grosse entreprise. Il doit mettre en place une campagne de communication concernant un nouveau produit sur lequel la direction compte beaucoup. Julien adore son rôle, qui lui permet d'explorer de nouvelles idées tout en contribuant à une ambiance de travail conviviale.

Exemple plaisant de la pièce des libertés

Créatif et innovant, Julien aime au plus haut point développer des idées qui sortent du cadre. Chaque matin, Julien arrive au bureau avec un sourire et une dose d'énergie contagieuse. Il déteste la routine et les contraintes. Il organise souvent des petites réunions informelles avec son équipe pour discuter des projets en cours. Il adore les moments de brainstorming, où chacun peut partager ses idées, proposer des concepts nouveaux et s'exprimer librement. Pour lui, la créativité naît de l'échange et de la collaboration, le tout dans une atmosphère source d'épanouissement. Son espace de travail est décoré d'affiches ludiques, de croquis et de panneaux couverts de Post-It qu'il a réalisés pour stimuler son imagination. Lorsqu'il travaille sur une nouvelle campagne, sa société lui laisse la possibilité d'imaginer des concepts audacieux ou provocateurs, toujours originaux. Il fédère par sa bonne humeur et sa capacité à penser en dehors des sentiers battus.

Exemple déplaisant de la pièce des libertés

Julien n'a pas le sourire. Il travaille sur un projet que sa direction a cadré avec des instructions strictes qui laissent peu de place à ses idées originales. Il se sent à l'étroit, ce qui éteint sa créativité. Lorsqu'il tente de proposer des idées innovantes lors des réunions d'équipe, ses suggestions sont souvent balayées ou ignorées. Ses collègues remarquent sa morosité, et l'ambiance commence à devenir tendue. Les critiques de Julien sur sa direction provoquent une inertie improductive. Julien semble démotivé et se contente d'exécuter les consignes sans réfléchir, mais en traînant des pieds. Ses collaborateurs perdent peu à peu le moral. Le manque de liberté créative ne fait qu'engendrer du stress et une atmosphère triste. Sans marge de manœuvre et dans une organisation rigide, Julien perd pied, entraînant tout le monde avec lui.

LA PIÈCE DES LIBERTÉS PLAISANTE

Valeur de l'instant

Dans cette pièce, la différence est votre valeur de l'instant, c'est-à-dire ce qui est important pour vous à l'instant T. Votre motivation est de savourer le moment présent en ne tenant pas compte du cadre et des règles proposées par la situation.

Crédo

Avant l'effort, le réconfort.

Pensées plaisantes

Vous pensez à contre-courant. Vous savez créer l'ambiance et dédramatiser les situations compliquées. Vous êtes dans l'instant présent, l'innovation, le tout est possible.

Biais cognitif

Vous utilisez parfois le biais cognitif « aversion au regret ». Vous avez tendance à prendre une décision par peur de regretter, soit ce que vous avez fait, soit ce que vous n'avez pas fait.

Cela joue un rôle primordial dans vos choix et en explique le caractère irrationnel.

Émotion plaisante

Vous vivez particulièrement l'émotion « créativité ».
Synonymes : imagination, innovation, inventivité, improvisation.

Quand vous faites preuve de créativité, vous êtes capable de créer l'ambiance. Vous êtes inventif et imaginatif, ce qui vous détend sur le plan physique et joue positivement sur votre mental.

On peut vous voir comme quelqu'un de stimulant parce que vous savez réinventer les choses et créer un environnement ludique et entraînant. Mais on peut aussi vous considérer comme immature. Trop de différence tue la différence. Cet excès donne l'impression que vous êtes incapable de vous conformer à des règles et de supporter la moindre frustration, vous isolant de ceux qui refusent de vous suivre.

Comportement positif

Vous savez dynamiser l'ambiance. Vous animez, réagissez, remettez en cause et brainstormez avec un grand plaisir. Pour vous, il existe toujours une autre façon d'agir.

Besoin

Vous recherchez la stimulation.

Communication appropriée

Vous parlez de façon ludique, décalée et créative. Vous êtes énergique.

LA PIÈCE DES LIBERTÉS DÉPLAISANTE

Valeur bafouée

Quand vous ne pouvez pas être différent, vous vous sentez censuré ou vous vous autocensurez. Les limites deviennent alors un facteur stressant.

Croyance limitante

Il n'y a qu'une règle, c'est qu'il n'y a pas de règles.

Émotion déplaisante

Vous vivez particulièrement l'émotion « morosité ».
Synonymes : maussaderie, ronchonnements, bouderie, contrariété.

Quand vous faites preuve de morosité, vous perdez votre joie de vivre et votre capacité à animer les situations.

On peut vous voir comme un « éveilleur » qui soulève les problèmes et influence les groupes. Mais on peut aussi vous considérer comme « critique » quand vous êtes constamment et par principe pour tout ce qui est contre et contre tout ce qui est pour.

Comportements réflexes

Vous devenez lourdement critique envers les autres. Vous n'êtes plus capable de parler sérieusement pour éviter la souffrance que vous ressentez dans cette situation. Cela vous fait passer pour une personne peu sérieuse auprès de vos interlocuteurs.

Si vous perdez votre créativité, vous vous victimisez et accusez les autres de vous rendre négatif. Vous découragez tout le monde afin de ne pas être le seul à montrer de la morosité, et votre entourage vous isole pour éviter que vous les entraîniez avec vous dans cette attitude déplaisante. Votre manque de différence vous empêche d'être satisfait de ce que vous réalisez.

Parce que vous adorez être différent, vous êtes incapable de penser comme tout le monde sans réinventer le fil à couper le beurre et votre entourage finit par décrocher.

Confusion

Vous confondez alors différence avec discordance, amuser avec blesser, inventer avec réinventer.

Phénomène de l'imposteur

Vous pouvez être amené à vivre le phénomène de l'imposteur « l'expert ». Vous vous fiez aux connaissances inégalées que vous avez acquises et considérez que si vous ne savez pas tout, c'est que vous ne savez rien. Un échec ou une incertitude peut donc vous donner l'impression d'être un imposteur.

Communication inappropriée

Votre façon de parler est inadéquate et superficielle. Vous faites preuve d'immaturité et manquez de réalisme, en conséquence vos interlocuteurs ne vous prennent plus aux sérieux.

Procrastination

Vous remettez à demain ce que vous pouvez réaliser le jour même pour continuer à prendre du plaisir immédiatement et refuser les limites et la souffrance.

POUR ALLER PLUS LOIN

La perception des émotions

Dans la pièce des libertés, vous considérez que la créativité et la morosité sont des états opposés qui proviennent de la même souche émotionnelle. Ils représentent des réponses contraires à un même type de contexte.

La créativité est associée à un état d'esprit curieux ou ludique. C'est votre capacité à penser de manière innovante. Vous augmentez votre niveau d'énergie et vous intensifiez votre besoin d'être différent. Cet état vous apporte de la satisfaction et du plaisir. Mettre l'ambiance est également une manière de créer et vous permet de supporter les efforts.

La perception de votre créativité par les autres est celle d'une personne soit stimulante, soit immature.

Vous êtes perçu comme stimulant quand vous motivez les autres à explorer, à expérimenter et à sortir du cadre dans une ambiance détendue. Vous les encouragez à voir les obstacles comme des opportunités, à inventer des solutions et à laisser parler leur imagination. Cela maintient la motivation de chacun. En revanche, si vous refusez toute limite à votre créativité et à votre capacité à mettre l'ambiance, vous êtes perçu comme immature, incapable de supporter la contrainte ou la souffrance. Vous pouvez provoquer l'éloignement des autres.

La morosité, en revanche, se manifeste par un manque d'énergie et de bonne humeur. Elle donne lieu à une sensation de ras-le-bol, de décalage et à une diminution des efforts fournis dans le cadre de votre travail. Vous êtes découragé et décourageant.

La perception de votre morosité par les autres est celle d'une personne qui soit éveille, soit critique.

Vous êtes perçu comme éveilleur quand, conscient de votre baisse de moral, vous cherchez à alerter pour faire les réglages nécessaires à un retour au plaisir partagé. En revanche, si la critique devient constante et acerbe, les autres vous trouveront lourd à gérer et à supporter. Ils chercheront à vous isoler pour se protéger.

ATTENTION

Votre morosité provoque souvent un dégoût de la situation ou de la vie favorisant une remise en question personnelle qui peut s'avérer destructrice si elle est mal gérée. Elle va alors vous isoler et provoquer des tensions physiques importantes.

Alors que la créativité est source d'énergie et d'interaction sociale, la morosité génère du découragement et de la détresse. La créativité et la morosité représentent des états émotionnels opposés en raison de leurs effets contrastés sur le bien-être mental, physique et social.

IL NE FAUT PAS CONFONDRE

Différence *versus* Discordance

La différence fait référence à votre écart avec l'existant. Elle est source d'enrichissement, de complémentarité et de créativité.

La discordance implique un désaccord ou une absence d'alignement entre vous et les autres. Elle peut provoquer des conflits ou des tensions.

Confondre différence et discordance consiste à ne tenir compte ni des règles ni des autres en voulant être différent, quel qu'en soit le prix. Cela conduit à être mis à l'écart par le groupe ou l'équipe pour éviter un stress inutile.

Amuser *versus* Blesser

S'amuser fait référence à un comportement divertissant qui apporte de la joie et du plaisir grâce à des plaisanteries ou des interactions ludiques.

Blesser cause du tort émotionnel à l'autre. Cela se traduit par des mots ou des moqueries qui font mal.

Confondre amuser et blesser, c'est adopter un comportement moqueur qui n'a plus de limite et qui ne tient pas compte de la fragilité de l'autre.

Inventer *versus* Réinventer

Inventer signifie créer quelque chose de complètement nouveau qui n'existait pas auparavant. C'est l'expression de votre originalité et de votre créativité.

Réinventer, c'est prendre quelque chose d'existant et le repenser totalement sans révolutionner l'existant.

Confondre inventer et réinventer, c'est perdre un temps fou à changer quelque chose qu'on aurait pu simplement améliorer. Cela débouche sur une situation improductive et démotivante.

POUR FAIRE COURT

La pièce des libertés plaisante

- **Valeur :** la différence.
- **Émotion plaisante :** créativité.
- **Image positive perçue :** stimulant.
- **Image négative perçue :** immature.
- **Comportement positif :** vous dynamisez.
- **Conséquences :** vous vous sentez détendu.

La pièce des libertés déplaisante

- **Valeur bafouée :** la sensation d'être censuré.
- **Émotion déplaisante :** morosité.
- **Image positive perçue :** éveilleur.
- **Image négative perçue :** critique.
- **Comportement négatif :** vous découragez.
- **Conséquences :** vous vous sentez tendu.

Réflexion

Et vous, à quel endroit de votre véritable habitation verriez-vous la pièce des libertés ? S'agirait-il de votre cuisine où vous tentez des recettes improbables, de votre salon où vous passez des moments conviviaux ou de la table sur laquelle vos amis viennent jouer aux jeux de société ?

....

À vous de jouer

Identifiez une situation où vous visitez principalement la pièce des libertés. Comment la vivez-vous ? Est-elle plaisante ou déplaisante ?

....

....

....

LE HALL VALORISATION

« N'essayez pas de devenir un homme qui a du succès.
Essayez de devenir un homme qui a de la valeur. »
Albert Einstein (1879-1955)

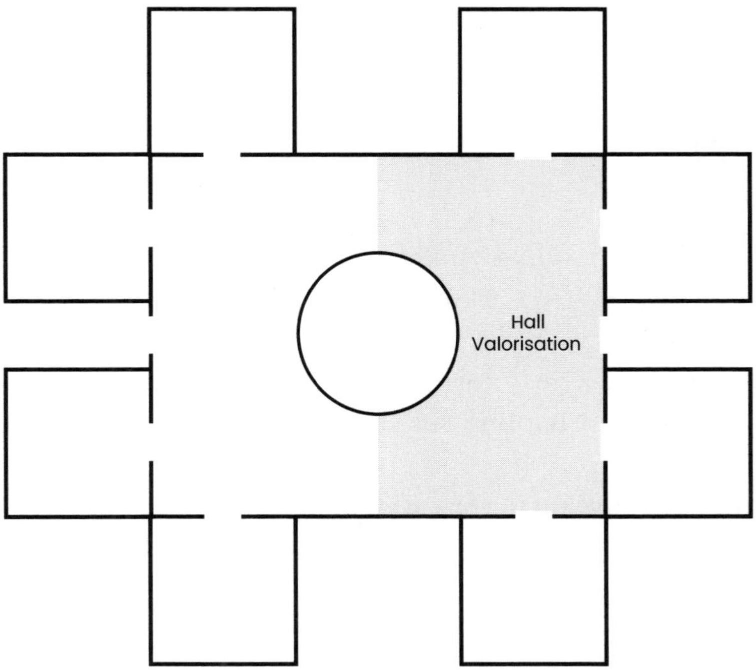

Cette histoire est-elle la vôtre ?

Philippe est un responsable qualité, reconnu dans son entreprise de fabrication de produits cosmétiques. Il aime interagir avec les services de

production sur le terrain. Il est très apprécié de ses collègues et de ses collaborateurs pour son approche collaborative et sa capacité à créer des liens de confiance. Très à l'écoute, Philippe a développé un programme de sensibilisation à la qualité qu'il présente régulièrement aux employés. Il aime voir dans leurs yeux de l'admiration lorsqu'ils comprennent combien il leur fait gagner du temps en partageant son expérience. Philippe se réalise pleinement dans son métier. Il se sent gagnant en obtenant les précieuses certifications qualité tout en contribuant au développement de ses collaborateurs dont il prend particulièrement soin.
Au contraire, il s'estime perdant lorsqu'il se sent peu apprécié ou peu aimé, qu'il n'est pas écouté ou admiré.

VOS PENSÉES DANS LE HALL VALORISATION : JE ME RÉALISE OU JE NE ME RÉALISE PAS

Dans cette partie de la maison, si vous vous réalisez, vos pensées sont plaisantes et vous vous sentez gagnant.

Si vous ne vous réalisez pas, vos pensées sont déplaisantes, vous vous sentez perdant.

VOTRE BESOIN DANS LE HALL VALORISATION : ÊTRE VALORISÉ POUR QUI VOUS ÊTES

Vous recherchez à être valorisé à vos yeux et à ceux des autres. Le niveau de votre valorisation vous est propre et doit correspondre à vos attentes.

Si vous ne pouvez pas vous réaliser comme vous le souhaitez cela débouchera sur une sensation de dévalorisation frustrante.

LA CONSÉQUENCE POUR VOUS DANS LE HALL VALORISATION : VOUS VOUS SENTEZ GAGNANT OU PERDANT

Si vous vous réalisez et que c'est en accord avec vos espérances, vous vous sentez naturellement gagnant.

Si vous ne vous réalisez pas ou que c'est en désaccord avec vos espérances, vous vous sentirez naturellement perdant.

Les effets seront principalement liés à votre mental : victoire ou défaite.

LES AILES DU HALL VALORISATION : UNE QUESTION DE BÉNÉFICE

La notion de bénéfice est importante, car elle apporte une précision majeure sur votre réelle motivation. Vous pouvez rechercher à être valorisé individuellement (bénéfice personnel) ou collectivement (bénéfice de groupe) et cela change vos attentes.

POUR FAIRE COURT

➢ Se réaliser dans ses projets de façon conforme à ses attentes entraîne des pensées plaisantes et un accord avec ses valeurs.

➢ Ne pas se réaliser est source de pensées déplaisantes et de désaccord avec ses valeurs.

➢ Être valorisé pour qui on est génère la sensation de gagner. Dans le cas contraire, cela crée la sensation de perdre ou de se sentir dévalorisé.

À vous de jouer

Identifiez une situation où vous visitez principalement le hall Valorisation. Comment la vivez-vous ? Est-il plaisant ou déplaisant ?

....

....

....

L'AILE VALORISATION INDIVIDUELLE

Gagner

« Apprendre à se respecter soi-même
est plus important que d'impressionner les autres. »
John Wooden
entraîneur de basket-ball (1910-2010)

Cette histoire est-elle la vôtre ?

Philippe est responsable qualité. Il est considéré comme le meilleur dans son secteur et tient à ce que cela ne change pas.

Version plaisante

Philippe vient au bureau avec une grosse énergie. Il commence sa journée en parcourant les rapports qualité de la veille pour identifier les points d'amélioration. Pour lui, chaque donnée recueillie est une opportunité d'augmentation des résultats. S'il progresse, tout le monde y gagne. Philippe aime interagir sur le terrain avec les équipes de production. Son mode de communication direct plaît ou ne plaît pas, mais une chose est sûre, il assure et on retient son nom. Pour lui, il y a des choses qui fonctionnent et d'autres qui ne fonctionnent pas et, dans ce cas-là, il ne faut pas discuter mais agir. Cette année, il vise le trophée de la meilleure qualité produit et il booste ses équipes pour l'obtenir. Cela lui permettra certainement de monter dans la hiérarchie. Philippe se sent déjà personnellement gagnant et valorisé par sa société qui l'a nommé à ce poste en dépit de son jeune âge. Il veut leur prouver qu'il est à la hauteur.

Version déplaisante

Philippe se rend compte qu'il ne se réalise pas du tout dans son métier. Il consacre ses journées à valider des processus, à réaliser des audits et à contrôler les normes de qualité. Il a l'impression que ses missions manquent de visibilité et ne permettront pas à la direction de voir en lui un potentiel manager de haut niveau. Il commence à envisager d'autres voies professionnelles plus valorisantes, car sa peur de ne pas pouvoir se mettre en valeur et d'être considéré comme faible le paralyse. Cette situation affecte non seulement son moral, mais aussi sa relation avec ses collègues qui constatent que sa recherche de reconnaissance individuelle empiète sur la réussite collective des projets. Philippe oscille entre sa peur de l'échec et le désir de briller. Il devient évident qu'il se considère comme perdant dans cette société et cherche sérieusement à en changer.

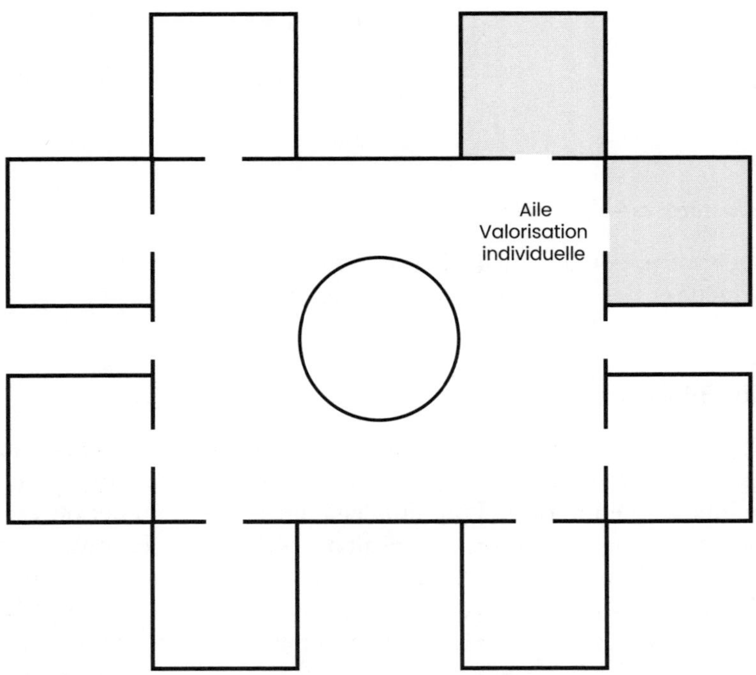

VOS PENSÉES : JE ME SENS FORT OU FAIBLE

Si vous vous réalisez, vous aurez la sensation d'être fort et d'être sous les projecteurs. Il est essentiel d'avoir un projet excitant pour obtenir les bénéfices positifs de cette aile.

Si vous ne vous réalisez pas, vous aurez la sensation d'être faible.

VOTRE BESOIN : GAGNER

Vous recherchez à être valorisé pour vous prouver que vous existez. Le niveau de ce que vous considérez comme une victoire vous est propre et doit correspondre à vos attentes.

Si vous ne vous réalisez pas, cela débouche sur une sensation de faiblesse et de dévalorisation frustrante. Vous vivez la peur, que vous exprimez ou non, d'échouer ou de montrer vos failles, et vous perdez la joie dans ce que vous réalisez.

ÉMOTION PLAISANTE : LA JOIE D'ÊTRE VALORISÉ

La joie est un sentiment de plaisir, de bonheur intense que vous éprouvez quand vous êtes valorisé pour qui vous êtes.

Si vous vous réalisez, cela débouche sur la sensation d'être fort et d'exister. Vous vivez la joie que vous exprimez ou non et vous célébrez vos victoires.

ÉMOTION DÉPLAISANTE : LA PEUR D'ÊTRE DÉVALORISÉ

La peur est une émotion pénible et violente, qui naît de la prise de conscience d'un danger, d'une menace.

Si vous ne vous réalisez pas, cela débouche sur une sensation de faiblesse et de dévalorisation frustrante. Vous vivez la peur que vous exprimez ou non et vous perdez votre fougue. Vous arrivez à un point où vous ne comprenez plus ou ne savez plus en quoi les actions que vous entreprenez vous valorisent.

LA CONSÉQUENCE POUR VOUS : VOUS VOUS SENTEZ FLATTÉ OU VOUS TRICHEZ.

Vous avez le sentiment d'être admiré si vous gagnez. Vous vous réalisez au niveau que vous estimez être le vôtre. Quel sentiment plaisant de se sentir valorisé !

En revanche, vous allez tricher pour être valorisé coûte que coûte si vous vous sentez transparent. La situation devient difficile à vivre quand vous n'êtes pas au centre des regards. Vous commencez à manipuler la réalité, ce qui peut vous détruire ou détruire les autres.

POUR FAIRE COURT

➢ **Sentiment de gagner ou de perdre :** être valorisé vous procure beaucoup d'énergie. L'absence de valorisation vous mène à l'impression de perdre.

➢ **Besoin d'être fort :** chercher à être le meilleur selon ses propres attentes et normes. L'impossibilité à vous sentir gagnant engendre insatisfaction et frustration.

➢ **Sentiment d'exister :** réussites et lumière vous apportent de la valorisation.

➢ **Tricher :** le maquillage de la réalité vous permet d'éviter de montrer vos faiblesses, détériorant vos relations personnelles et professionnelles.

➢ **Recherche :** être gagnant / éviter la défaite.

À vous de jouer

Identifiez une situation où vous visitez principalement l'aile Valorisation individuelle. Comment la vivez-vous ? Est-elle plaisante ou déplaisante ?

....

....

....

LA PIÈCE DES MIROIRS

Motivation : estime de soi

« L'estime de soi n'est pas tout.
C'est juste qu'il n'y a rien sans elle. »
Gloria Steinem
journaliste (1934)

BIENVENUE DANS LA PIÈCE DES MIROIRS ! J'AIME MON REFLET QUAND IL ME REND SÉDUISANT

Si vous imaginez votre maison des Méta-forts en pensant uniquement à travers la pièce des miroirs, elle pourrait apparaître comme une belle maison en centre-ville soigneusement décorée qui attire l'œil. Elle serait agrémentée d'un jardin pensé pour recevoir, avec une pagode, un bar et un immense barbecue. Des œuvres d'art, et une exposition de photos habillent joliment le chemin qui mène à la demeure. Au-dessus de la porte, un dicton est gravé sur une plaque élégante en bois précieux : « Une belle maison met en valeur qui nous sommes ».

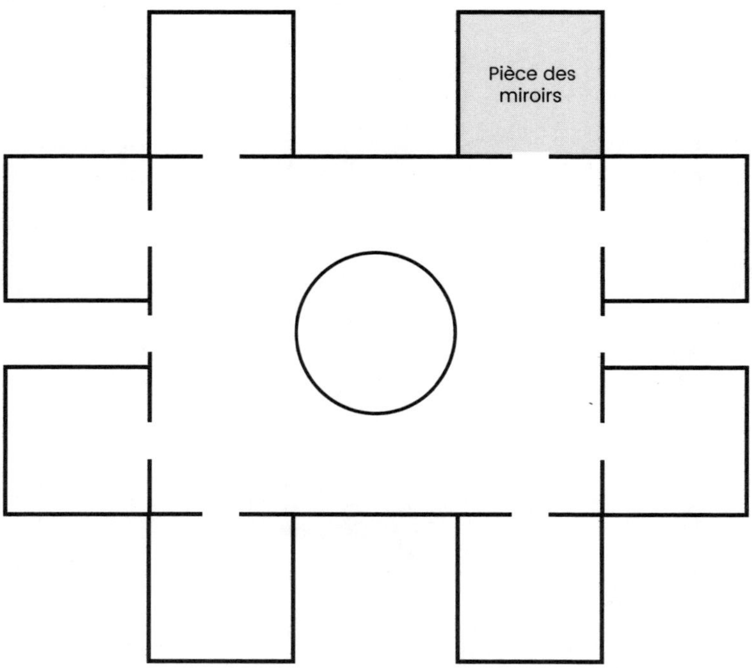

Cette histoire est-elle la vôtre ?

Virginie est directrice d'un magasin de luxe. Elle s'efforce constamment de maintenir une image impeccable de son magasin, mais aussi d'elle-même. Virginie est particulièrement soucieuse du regard des autres et tire une grande valorisation de la gratitude qu'elle ressent face aux retours positifs de ses collaborateurs et de ses clients.

Exemple plaisant de la pièce des miroirs

Virginie pense que la présentation est essentielle dans son métier, car elle sait que ses choix vestimentaires influencent les achats de ses clients. Chaque matin, elle entre dans son magasin avec assurance, prête à accueillir ses clients de la meilleure des manières et à travailler à l'atteinte des objectifs avec ses collaborateurs. Virginie est très attentive à l'expérience client. Lorsque l'un d'eux lui fait des compliments sur son sens du style ou la qualité de son service, elle éprouve une gratitude qui la transcende. Le charme qu'elle utilise avec son entourage y est pour beaucoup. Ces retours positifs renforcent son estime de soi et lui donnent l'impression que tous ses efforts ne passent pas inaperçus. Elle met un point d'honneur à exprimer sa gratitude en retour, reconnaissant que le succès du magasin est aussi le résultat d'un effort collectif.

Exemple déplaisant de la pièce des miroirs

Ces derniers temps, Virginie éprouve une profonde rancœur envers ses clients et ses collaborateurs. Malgré tous ses efforts pour projeter une image de service de qualité, elle a l'impression que personne ne reconnaît la directrice merveilleuse qu'elle pense être. Les ventes de son magasin ont commencé à chuter, et les compliments qu'elle recevait autrefois ne sont plus qu'un lointain souvenir. Elle est convaincue d'être la garante de la satisfaction client et pense que ses compétences méritent d'être célébrées. Mais elle perçoit une indifférence croissante de la part des clients et des membres de son équipe qui ne voient pas tout ce qu'elle apporte. Une partie de sa clientèle lui tourne le dos, choisissant d'acheter ailleurs et laissant des commentaires négatifs sur les réseaux sociaux, ce qui la blesse profondément. Le responsable France, qui était autrefois impressionné par son leadership, est déçu par ses résultats, et lui fait savoir qu'il attend beaucoup plus d'elle. Elle n'obtient plus la reconnaissance qu'elle espérait et finit par en vouloir à tout le monde.

LA PIÈCE DES MIROIRS PLAISANTE

Valeur de l'instant

Dans cette pièce, la considération est votre valeur de l'instant, c'est-à-dire ce qui est important pour vous à l'instant T. Votre motivation est d'être valorisée individuellement par la situation.

Crédo

L'important n'est pas d'être aimé. L'important est de ne pas être détesté.

Pensées plaisantes

Vous aimez soigner votre image et celle que les autres ont de vous. Vous vous sentez valorisé si votre reflet vous convient et que vous vous sentez apprécié. Vous développez alors une belle estime de soi. Le regard de l'autre est important dans le sens où il change forcément votre façon d'être et/ou de faire et provoque un stress important.

Biais cognitif

Vous utilisez parfois le biais cognitif « effet de contraste ». Vous avez tendance à analyser votre perception de la situation en la comparant simultanément à d'autres situations similaires pour lui attribuer une valeur. L'effet de contraste vous conduit à modifier votre perception des choses en ne prenant en compte qu'un échantillon de la réalité.

Émotion plaisante

Vous vivez particulièrement l'émotion « gratitude ».
Synonymes : reconnaissance, estime, remerciement, respect.

Quand vous faites preuve de gratitude, vous savez vous faire apprécier, et vous remerciez et félicitez les autres ce qui provoque un état de détente mentale jouant positivement sur votre physique.

On peut vous voir comme quelqu'un de reconnaissant puisque vous donnez la sensation d'être redevable aux autres de ce qu'ils font pour vous.

Mais on peut aussi vous considérer comme hypocrite. Trop de gratitude tue la gratitude. Cet excès donne l'impression que vous êtes dans la flatterie et la manipulation.

Comportement positif

Vous savez vous présenter sous votre meilleur jour. Vous charmez, réseautez et vous influencez les autres. Vous êtes à l'écoute du regard de votre entourage. Vous savez remercier et féliciter que ce soit vous-même ou les autres.

Besoin

Vous recherchez la considération.

Communication appropriée

Vous parlez de façon chaleureuse, valorisante et charmeuse. Vous avez un fort pouvoir de séduction.

LA PIÈCE DES MIROIRS DÉPLAISANTE

Valeur bafouée

Quand vous sentez que votre image est mauvaise ou ternie, vous vous sentez déconsidéré. La fragilisation de vos intérêts devient alors un facteur stressant.

Croyance limitante

L'habit fait le moine.

Comportements réflexes

Vous vous imposez d'être fort ou vous l'imposez aux autres. Vous tendez votre communication avec un style très directif qui vous donne l'illusion de reprendre le contrôle, mais qui a tendance à fermer vos interlocuteurs.

Si les autres ne vous renvoient pas l'image que vous souhaitez, vous vous persécutez ou persécutez les autres en manipulant la réalité pour la rendre plus supportable. Vous n'admettez plus le jugement, ce qui provoque des tensions. Vos reproches concernant l'absence d'intérêt des autres pour vous, vous dévalorisent.

Émotion déplaisante

Vous vivez particulièrement l'émotion « rancœur ».
Synonymes : ressentiment, déception, amertume, rancune.

Quand vous avez de la rancœur, vous perdez votre capacité à penser calmement et lucidement.

On peut vous voir comme quelqu'un d'« ancré » qui sait exprimer son estime de soi et défendre qui il est.

Mais on peut aussi vous considérer comme « aigri » quand vous semblez en vouloir à la terre entière parce que vous n'êtes pas reconnu.

Vous pouvez alors passer en mode manipulation et maquiller la réalité, ce qui a pour conséquence de tromper ceux qui vous entourent.

Confusion

Vous confondez alors être avec paraître, authenticité avec mensonge, la réalité avec vos rêves.

Phénomène de l'imposteur

Vous pouvez être amené à vivre le phénomène de l'imposteur « le super héros » : vous ne vous arrêtez jamais et cherchez à repousser vos limites. À long terme, cette capacité à vous dépasser peut vous sembler toujours insuffisante.

Communication inappropriée

Votre façon de parler est théâtrale, intéressée, manipulatrice. Vous avez du mal à rester dans l'ombre ce qui rend vos interlocuteurs méfiants.

Procrastination

Pour éviter d'être jugé, vous remettez à demain ce que vous pouvez réaliser le jour même.

POUR ALLER PLUS LOIN

La perception des émotions

Dans la pièce des miroirs, vous considérez que la gratitude et la rancœur sont des états opposés qui proviennent de la même souche émotionnelle. Ils représentent des réponses contraires à un même type de contexte.

La gratitude est une émotion qui découle de ce que les autres font pour vous. Elle est l'expression de votre joie face aux retours positifs de ceux qui vous entourent. Bien qu'étant dirigée vers l'autre, la gratitude est en fait tournée vers vous, car elle consiste à remercier l'autre de la belle image qu'il vous renvoie, que ce soit dans ses mots, ses émotions ou ses actes.

La perception de votre gratitude par les autres est celle d'une personne soit reconnaissante, soit hypocrite.

Vous êtes perçu comme reconnaissant quand vous remerciez sincèrement les autres, même si l'ego a du mal à admettre qu'une aide extérieure soit nécessaire. Cependant, si ces remerciements sont perçus comme faux ou surjoués, vous êtes considéré comme hypocrite et les autres doutent de votre sincérité.

En revanche, la rancœur est une émotion associée à de l'amertume et du ressentiment. Elle survient généralement lorsque vous vous sentez lésé ou injustement maltraité, et elle est souvent le résultat de blessures émotionnelles non résolues.

La perception de votre rancœur par les autres est celle d'une personne soit bien ancrée, soit aigrie.

Vous êtes perçu comme ancré quand vous n'êtes pas déstabilisé par le regard ou le jugement des autres. En revanche, si vous réagissez fortement à chaque remarque, vous apparaissez comme aigri et susceptible d'attaquer l'autre dans ses propos.

ATTENTION

Votre rancœur provoque souvent une colère intérieure non exprimée liée à un sentiment de faiblesse. Elle va alors vous pousser à provoquer des tensions dans votre entourage.

Alors que la gratitude favorise la reconnaissance de chacun et les interactions positives, la rancœur génère des conflits. La gratitude et la rancœur représentent des états émotionnels opposés en raison de leurs effets contrastés sur le bien-être mental, physique et social.

IL NE FAUT PAS CONFONDRE

Être *versus* Paraître

Être se réfère à votre réalité intérieure, à votre essence réelle. Cela inclut vos pensées, vos émotions, vos valeurs et votre authenticité. C'est une notion profonde et stable qui définit votre identité.

Paraître désigne votre apparence extérieure, la façon dont vous vous présentez aux autres. Cela comprend votre image, votre comportement observable et votre aspect général. Ces éléments peuvent être influencés par des facteurs externes et varier en fonction des situations.

Confondre être et paraître consiste donc à s'intéresser uniquement à son image extérieure, quitte à bafouer ses valeurs, ses pensées et ses émotions. Cela peut conduire à proposer aux autres un personnage superficiel et entraîner une baisse de la motivation des collaborateurs qui ont le sentiment de ne pas savoir à qui ils parlent ou avec qui ils agissent.

Authenticité *versus* Mensonge

L'authenticité se réfère à votre capacité à être vrai, sincère et fidèle à vous-même. Quand vous êtes authentique, vous agissez selon vos valeurs, vos croyances et vos émotions réelles. Vous ne présentez pas aux autres une image trompeuse.

Le mensonge implique la propagation délibérée de fausses informations ou la dissimulation de la vérité. Vous mentez pour tromper, manipuler ou éviter la culpabilité, et ce comportement est souvent associé à des intentions malhonnêtes.

Confondre authenticité et mensonge, c'est vous raconter ou raconter aux autres de belles histoires qui vous flattent ou vous permettent d'arriver à vos fins. Cela provoque une perte de confiance ou un sentiment de doute chez les autres.

Réalité *versus* Rêve

La réalité se réfère aux faits, aux événements et aux conditions qui existent objectivement, indépendamment de vos biais de perception ou de vos croyances limitantes. C'est ce qui, dans une situation donnée, est tangible et vérifiable.

Le rêve désigne un état dans lequel vous imaginez à travers vos pensées, vos émotions, vos aspirations, vos désirs, vos idéaux, ou la situation que vous aimeriez vivre.

Confondre la réalité avec le rêve, c'est penser, ressentir et agir sur de fausses bases. Ceux qui voient la réalité telle qu'elle est et non comme vous la voyez, s'éloignent.

POUR FAIRE COURT

La pièce des miroirs plaisante

- **Valeur :** la considération.
- **Émotion plaisante :** gratitude.
- **Image positive perçue :** reconnaissant.
- **Image négative perçue :** hypocrite.
- **Comportement positif :** vous charmez.
- **Conséquences :** vous vous sentez gagnant individuellement.

La pièce des miroirs déplaisante

- **Valeur bafouée :** être transparent.
- **Émotion déplaisante :** rancœur.
- **Image positive perçue :** ancré.
- **Image négative perçue :** aigri.
- **Comportement négatif :** vous manipulez la réalité.
- **Conséquences :** vous vous sentez perdant individuellement.

Réflexion

Et vous, à quel endroit de votre véritable habitation verriez-vous la pièce des miroirs ? S'agirait-il de votre salle de bain ou de votre salle de sport dans lesquelles vous vous observez dans votre miroir ?

....

À vous de jouer

Identifiez une situation où vous visitez principalement la pièce des miroirs. Comment la vivez-vous ? Est-elle plaisante ou déplaisante ?

....

....

....

LA PIÈCE DES TROPHÉES

Motivation : affirmation de soi

« Trop de gens surestiment ce qu'ils ne sont pas
et sous-estiment ce qu'ils sont. »
Malcolm Forbes,
directeur du magazine *Forbes* (1919-1990)

BIENVENUE DANS LA PIÈCE DES TROPHÉES ! SEULE LA VICTOIRE EST BELLE !

Si vous imaginez votre maison des Méta-forts uniquement à travers la pièce des trophées, elle pourrait apparaître comme une grande maison luxueuse aux plafonds hauts, symbole de votre réussite. Elle aurait des colonnes qui entourent l'entrée. Des grilles forgées épaisses et lourdes feraient office de portail. Dans le jardin, on trouverait des animaux dangereux qu'il faut avoir le courage d'approcher. Un garage ouvert abriterait une voiture de sport. Au-dessus de la porte, un dicton en lettres d'or est gravé sur une plaque de marbre : « Une belle maison est le symbole de nos réussites ».

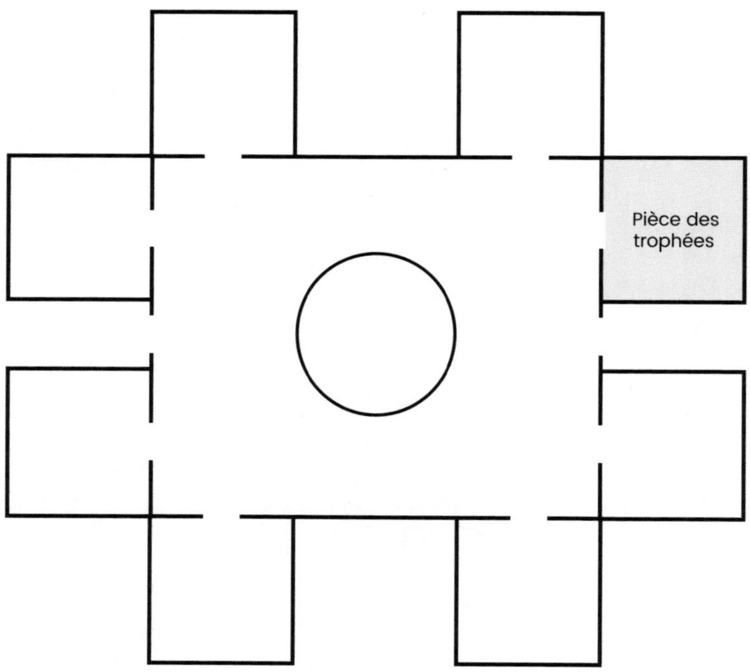

Cette histoire est-elle la vôtre ?

François est responsable des ventes dans une start-up spécialisée dans les logiciels de gestion. Il est non seulement reconnu pour ses résultats, mais également pour son ambition sans limite.

Exemple plaisant de la pièce des trophées

François est très fier de ses chiffres de vente exceptionnels. Il a réussi à dépasser les objectifs de croissance de 30 %, ce qui lui a permis de se distinguer de ses collègues et d'écraser la concurrence. Il n'hésite pas à parler de ses succès liés à sa stratégie efficace. Avec un sourire toujours confiant, il explique comment son équipe a réussi à tripler ses ventes sur le segment PME. François incarne l'esprit de compétition et motive ses collègues à se dépasser. Il a un objectif clair, il souhaite prendre la direction des ventes Europe en prouvant de quoi il est capable.

Exemple déplaisant de la pièce des trophées

François vient d'apprendre que son collègue, qui a récemment obtenu de meilleurs résultats dans son secteur, est nommé directeur des ventes Europe à sa place. Cette promotion le vexe profondément. François essaie de masquer son dépit, mais cette nouvelle le ronge. Il se sent trahi par le grand patron qui semble douter de ses capacités. La tension devient palpable. François commence à devenir cassant et agressif. Lors des réunions, il blâme son équipe en leur disant qu'ils n'ont pas été à la hauteur en n'atteignant pas leurs objectifs. Ses collaborateurs se sentent de plus en plus sous pression et craignent ses réactions. François tente de faire jouer ses relations en interne pour faire changer d'avis le grand patron. Il met en avant ses propres succès tout en émettant des doutes sur la réalité des chiffres de son collègue. Son esprit de compétition, qui était une source de motivation, se transforme en une énergie négative qui nuit à ses relations et à la performance de son équipe.

LA PIÈCE DES TROPHÉES PLAISANTE

Valeur de l'instant

Dans cette pièce, la puissance est votre valeur de l'instant, c'est-à-dire ce qui est important pour vous à l'instant T. Votre motivation est d'être valorisé individuellement par la situation.

Crédo

Sans prise de risque, on n'avance pas.

Pensées plaisantes

Vous aimez montrer de quoi vous êtes capable. Vous vous sentez valorisé si vous gagnez et que les autres le savent. Vous développez alors une belle affirmation de soi. L'admiration des autres vous pousse à vous dépasser en provoquant parfois un stress important.

Biais cognitif

Vous utilisez parfois le biais cognitif « égocentrique ». Vous avez tendance lors d'un travail collectif à surestimer votre contribution et à vous attribuer plus de mérites que ne l'aurait fait un observateur extérieur. Vous privilégiez l'importance de votre responsabilité, car vous savez ce que vous avez réalisé, sans nécessairement disposer d'informations sur le travail des autres.

Émotion plaisante

Vous vivez particulièrement l'émotion « fierté ».
Synonymes : amour-propre, contentement, puissance, prestige.

Quand vous éprouvez de la fierté, vous savez vous faire admirer ou envier par les autres ce qui provoque un état de détente mentale jouant positivement sur votre physique.

On peut vous voir comme quelqu'un d'audacieux puisque vous donnez la sensation de toujours repousser vos limites même si cela vous fait prendre des risques.

Mais on peut aussi vous considérer comme arrogant. Trop de fierté tue la fierté. Cet excès donne l'impression que vous vous aimez de façon immodérée, vous pensant supérieur aux autres.

Comportement positif

Vous savez challenger et vous challenger.

Besoin

Vous recherchez la considération.

Communication appropriée

Vous parlez directement et clairement en conquérant.

LA PIÈCE DES TROPHÉES DÉPLAISANTE

Valeur bafouée

Quand vous sentez que vous êtes perdant, vous avez la sensation d'être faible. La fragilité de vos intérêts devient alors un facteur stressant.

Croyance limitante

Soit vous gagnez, soit vous perdez.

Émotion déplaisante

Vous vivez particulièrement l'émotion « vexation ».
Synonymes : affront, offense, dévalorisation, humiliation.

Quand vous êtes vexé, vous perdez votre capacité à penser lucidement et en dehors de tout ego.

On peut vous voir comme quelqu'un de courageux qui ne lâche jamais rien et qui sait rebondir.

Mais on peut aussi vous considérer comme « affaibli » quand vous vous agitez sans résultat.

Comportements réflexes

Vous vous imposez d'être fort ou vous l'imposez aux autres.

Si les autres ne vous renvoient pas l'image que vous souhaitez, vous vous persécutez ou persécutez les autres en mettant tout le monde en danger, y compris vous. Vous prenez des risques, lancez des défis inconsidérés et impulsifs, ce qui provoque des tensions. Vos reproches concernant votre manque d'affirmation de soi et de fierté vous empêchent de vous sentir valorisé.

Vous mettez alors tout le monde sous pression en instaurant une compétition à outrance, ce qui détruit ceux qui vous entourent.

Confusion

Vous confondez alors émulation avec mise en danger, recentrage avec égocentrisme, échec avec faiblesse.

Phénomène de l'imposteur

Vous pouvez être amené à vivre les phénomènes de l'imposteur « le super héros » et « solitaire ». Le super héros : vous ne vous arrêtez jamais et cherchez à repousser vos limites. À long terme, cela peut vous sembler toujours insuffisant. Solitaire : vous cherchez à réussir par vos propres moyens. Rechercher l'aide ou le soutien des autres est un aveu de faiblesse ou d'échec.

Communication inappropriée

Vous durcissez votre communication avec un style très défiant, blessant et direct, sans compassion. Cela vous donne l'illusion de reprendre l'ascendant, mais a tendance à humilier dangereusement vos interlocuteurs qui prennent peur.

Procrastination

Vous remettez à demain ce que vous pouvez réaliser le jour même tant que vous n'êtes pas sûr de gagner.

POUR ALLER PLUS LOIN

La perception des émotions

Dans la pièce des trophées, vous considérez que la fierté et la vexation sont des états opposés qui proviennent de la même souche émotionnelle. Ils représentent des réponses contraires à un même type de contexte.

La fierté résulte de la reconnaissance de vos accomplissements, de vos qualités ou de vos valeurs émanant de vos réalisations personnelles et de vos succès. Elle engendre un sentiment de valorisation et d'affirmation de soi.

La perception que les autres ont de votre fierté peut soit donner de vous une image d'audace, soit d'une personne qui réalise des choses osées et peu évidentes. En revanche, si votre fierté vous dépasse et que vous lancez avec trop d'assurance des défis, vous êtes considéré comme arrogant et vous créez une distance ou provoquez une peur chez les autres.

Cependant la vexation survient généralement en réaction à une offense, à une blessure d'ego ou à une humiliation perçue. Elle est souvent liée à un sentiment d'injustice ou à un affront qui engendre de l'irritation, de la colère ou de la frustration.

La perception que les autres ont de votre vexation peut soit donner de vous une image de courage, soit de faiblesse.

Vous êtes perçu comme courageux quand vous ne cédez jamais et que vous continuez coûte que coûte à croire en votre capacité à réussir en dépit de la situation parfois difficile à gérer. En revanche, si vous ne prenez pas en compte le principe de réalité, refusez les évidences et gesticulez inutilement face à une situation perdue, vous apparaissez comme quelqu'un d'affaibli et susceptible d'entraîner tout le monde dans sa chute.

ATTENTION

Votre vexation provoque souvent une colère intérieure non exprimée liée à un sentiment d'humiliation. Elle va provoquer des tensions dans votre entourage.

Alors que la fierté favorise l'affirmation de soi et les interactions puissantes, la vexation génère des tensions. La fierté et la vexation représentent des états émotionnels opposés en raison de leurs effets contrastés sur le bien-être mental, physique et social.

IL NE FAUT PAS CONFONDRE

Émulation *versus* Mise en danger

L'émulation désigne le processus par lequel vous vous efforcez d'imiter ou de rivaliser avec quelqu'un d'autre dans le but d'améliorer vos compétences ou vos performances. Elle est souvent motivée par le désir de vous améliorer, d'apprendre et d'atteindre ou dépasser les standards habituels que vous vous êtes fixés ou que la situation vous a fixés.

La mise en danger se réfère à une situation où vous vous exposez ou exposez les autres à des risques, des menaces ou des préjudices possibles, que ce soit sur le plan physique, émotionnel ou mental en compromettant leur sécurité ou leur bien-être.

Confondre émulation et mise en danger consiste donc à dépasser les limites sans tenir compte des dangers. Cela peut conduire à se détruire ou à détruire les autres et entraîner une baisse de la motivation des collaborateurs qui ont peur ou qui ne maîtrisent plus rien.

Recentrage *versus* Égocentrisme

Le recentrage fait référence à un processus de retour à soi, où vous prenez le temps de réfléchir à vos besoins, valeurs et priorités. C'est une prise de recul par rapport à la situation pour mieux la comprendre et réévaluer vos motivations.

L'égocentrisme désigne une attitude où vous vous concentrez exclusivement sur vous-même, vos sentiments et vos besoins, sans tenir compte des motivations ou des besoins des autres. Cela se manifeste par un manque d'empathie et une difficulté à valoriser votre entourage.

Confondre recentrage et égocentrisme, c'est croire que le monde tourne autour de vous et ne prendre en compte que vos intérêts personnels. Cela provoque un sentiment de gêne chez les autres.

Échec *versus* Faiblesse

L'échec désigne l'incapacité à atteindre un objectif ou à répondre à une attente. Il peut offrir des leçons précieuses et des opportunités de croissance. Comme le disait Nelson Mandela : *« je ne perds jamais, soit je gagne, soit j'apprends »*.

La faiblesse, en revanche, est perçue comme une insuffisance ou un manque de force ou de capacité. Elle est considérée comme un trait de caractère ou une limitation personnelle, affectant votre affirmation de soi.

Confondre l'échec avec la faiblesse, c'est être incapable de tirer les leçons nécessaires pour grandir en se chargeant en expériences négatives lourdes. Cela peut entraîner un désengagement chez les autres que vous détruisez autant que vous vous détruisez.

POUR FAIRE COURT

La pièce des trophées plaisante

- **Valeur :** la puissance
- **Émotion plaisante :** fierté.
- **Image positive perçue :** audacieux.
- **Image négative perçue :** arrogant.
- **Comportement positif :** vous challengez.
- **Conséquences :** vous vous sentez gagnant individuellement.

La pièce des trophées déplaisante

- **Valeur bafouée :** la faiblesse
- **Émotion déplaisante :** vexation
- **Image positive perçue :** courageux
- **Image négative perçue :** affaibli
- **Comportement négatif :** vous créez le danger
- **Conséquences :** vous vous sentez perdant individuellement.

Réflexion

Et vous, à quel endroit de votre véritable habitation verriez-vous la pièce des trophées ? S'agirait-il de la pièce où se situe votre vitrine à médailles, ou de celle où vous avez couvert les murs de vos diplômes ou photos de victoires ?

....

À vous de jouer

Identifiez une situation où vous visitez principalement la pièce des trophées. Comment la vivez-vous ? Est-elle plaisante ou déplaisante ?

....

....

....

L'AILE VALORISATION COLLECTIVE

Gagner ensemble

« Les performances individuelles,
ce n'est pas le plus important.
On gagne et on perd en équipe. »
Zinédine Zidane (1972)

Cette histoire est-elle la vôtre ?

Caroline est responsable de l'accueil client dans une entreprise de services. Elle incarne les valeurs de dévouement et d'écoute, et elle sait créer un environnement harmonieux où son équipe peut s'épanouir et réussir ensemble. Elle soutient chaque collaborateur dans son développement professionnel et personnel. Si elle fait gagner les autres, elle gagne aussi.

Version plaisante

Caroline prend le temps de saluer un par un les membres de son équipe et de s'enquérir de leur bien-être. Elle commence chaque réunion en rappelant à chacun les réussites collectives obtenues. Elle pense que, lorsqu'un collaborateur se sent valorisé et compris, c'est toute l'équipe qui en sort grandie. Caroline prend le temps d'écouter attentivement et de comprendre les freins rencontrés afin de faciliter le travail. Elle fait toujours des retours constructifs et rappelle les qualités que chacun met au service du groupe. Elle accorde une attention particulière à l'harmonie et aux valeurs de l'équipe afin d'éviter les conflits. Elle favorise un esprit d'appartenance et de collaboration. Elle encourage une culture où on se sent entendu et soutenu, qui invite à mettre en commun ce que chacun a de mieux tout en prenant soin des autres. Elle se réalise pleinement dans son travail, car son équipe gagne et s'active dans un environnement positif. Ses collaborateurs restent soudés pour le meilleur comme le pire.

Version déplaisante

Caroline constate que des conflits commencent à émerger entre certains membres de son équipe, ce qui entraîne une désolidarisation et un climat de travail négatif. Cela l'affecte profondément, car elle est triste de ne pas réussir à les amener à gagner ensemble. Certains employés commencent à ne plus se parler et à la critiquer, ce qui impacte non seulement l'ambiance, mais aussi la satisfaction des clients. Pour redresser la situation, elle souligne l'importance de la communication. Mais les membres de l'équipe n'échangent plus et ne collaborent plus. Au lieu de renforcer les liens, ses interventions semblent aggraver la situation, car certains employés les perçoivent comme une pression supplémentaire. Caroline, préoccupée par la fracture au sein de son équipe, commence à ressentir une grande douleur. Elle se demande où elle a échoué dans son rôle de responsable, ce qui pèse lourdement sur son moral et son épanouissement personnel. Elle sait qu'elle doit surmonter ses propres doutes pour être véritablement une leader reconnue dans cette période de turbulences.

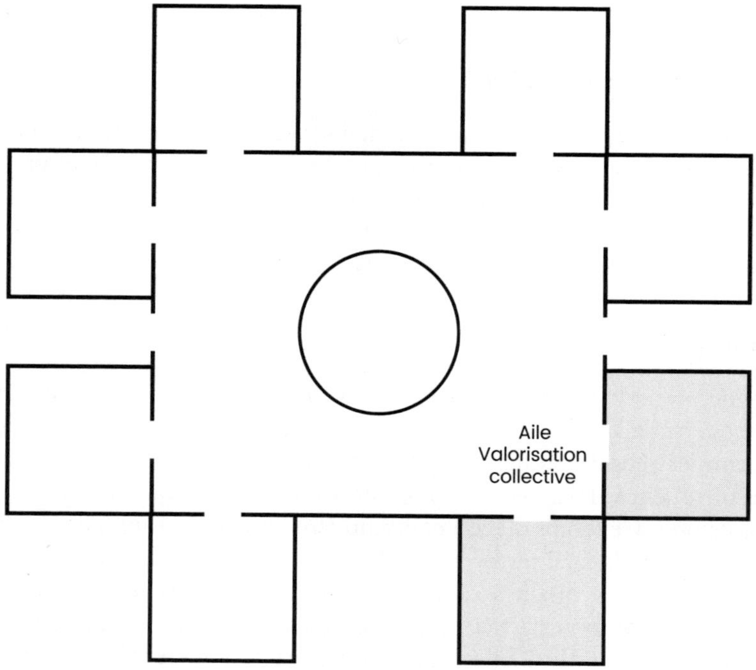

VOS PENSÉES :
NOUS SOMMES FORTS OU FAIBLES COLLECTIVEMENT

Si vous vous réalisez collectivement, vous aurez la sensation d'être fort. Il est essentiel d'avoir un projet basé sur l'humain pour obtenir les bénéfices positifs de cette aile.

Si vous ne vous réalisez pas collectivement, vous aurez la sensation d'être faible.

VOTRE BESOIN : GAGNER ENSEMBLE

Vous recherchez à être valorisé pour votre apport à la victoire du collectif. Le niveau de ce que vous considérez comme une victoire vous est propre et doit correspondre à vos attentes.

Si vous ne vous réalisez pas collectivement, cela débouche sur une sensation de faiblesse et de dévalorisation frustrante. Vous vivez la tristesse – que vous exprimez ou non – d'échouer dans votre volonté de faire gagner les autres, et vous perdez la foi dans ce que vous réalisez.

ÉMOTION PLAISANTE :
LA JOIE D'ÊTRE VALORISÉ COLLECTIVEMENT

La joie est un sentiment de plaisir, de bonheur intense que vous éprouvez quand vous êtes valorisé pour ce que vous apportez au groupe.

Si vous vous réalisez collectivement, cela débouche sur la sensation d'être fort et de contribuer. Vous vivez la joie – que vous exprimez ou non – et vous célébrez collectivement vos victoires.

ÉMOTION DÉPLAISANTE :
LA TRISTESSE D'ÊTRE VALORISÉ COLLECTIVEMENT

La tristesse est un état affectif caractérisé par une sensation désagréable dont vous n'arrivez pas à préciser la cause.

Si vous ne vous réalisez pas collectivement, cela débouche sur une sensation de faiblesse et de dévalorisation frustrante. Vous vivez la tristesse – que vous exprimez ou non – et vous perdez votre foi. Vous arrivez à un point où vous ne comprenez plus ou ne savez plus en quoi vos actions vous valorisent au sein du groupe.

LA CONSÉQUENCE POUR VOUS : VOUS CONTRIBUEZ OU VOUS ÉTOUFFEZ L'AUTRE

Le sentiment d'être apprécié vous envahit si vous contribuez à gagner collectivement. Quel sentiment plaisant de se sentir valorisé au sein d'un collectif !

En revanche, quand vous étouffez les autres en pensant à leur place pour être valorisé coûte que coûte, vous vous sentez peu apprécié. Cela rend lourd votre rapport aux autres.

POUR FAIRE COURT

➢ **Sentiment de gagner ou de perdre** : être valorisé collectivement vous procure beaucoup d'énergie. L'absence de valorisation au sein d'un collectif vous donne l'impression de faire perdre les autres.

➢ **Besoin d'être fort collectivement** : vous cherchez à faire gagner les autres selon vos propres attentes et normes et cela vous rend fort. L'impossibilité de sentir que vous contribuez à faire gagner les autres engendre insatisfaction et frustration.

➢ **Sentiment de contribuer** : participer à faire gagner les autres vous valorise.

➢ **Étouffer** : penser, décider ou agir à la place des autres, détériorant vos relations personnelles et professionnelles.

➢ **Recherche** : être gagnant collectivement / éviter de faire perdre.

À vous de jouer

Identifiez une situation où vous visitez principalement l'aile valorisation individuelle. Comment la vivez-vous ? Est-elle plaisante ou déplaisante ?

....

....

....

LA PIÈCE DU SOUTIEN

Motivation : confiance

« Si vous avez confiance en vous-même, vous inspirerez confiance aux autres. »
Johann Wolfgang von Goethe,
dramaturge et poète (1749-1832)

BIENVENUE DANS LA PIÈCE DU SOUTIEN !
TOUS POUR UN ET UN POUR TOUS !

Si vous imaginez votre maison des Méta-forts uniquement à travers la pièce du soutien, elle pourrait apparaître comme une maison ancienne façon corps de ferme restauré aux murs épais chargés d'histoire. Elle serait entourée d'arbres majestueux et d'un jardin traditionnel où il est interdit de marcher sur les pelouses. Elle disposerait de gros volets en bois massif et d'une porte sculptée. Au-dessus de la porte, un dicton est ciselé sur un lourd morceau de chêne accroché avec de puissantes ferronneries : « L'âme de cette maison raconte notre histoire ».

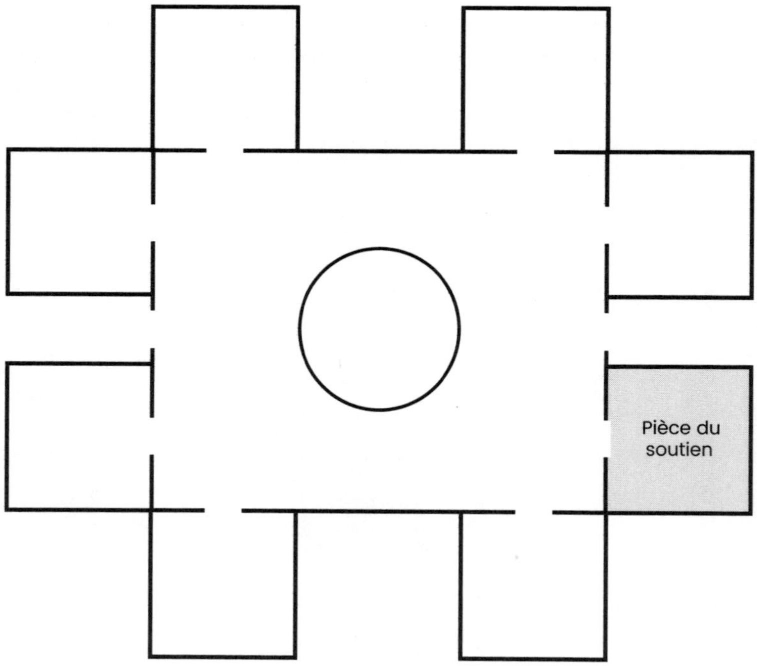

Cette histoire est-elle la vôtre ?

Cindy est DRH dans une entreprise de 1 200 personnes. Elle aime se dévouer pour faire grandir ses collaborateurs et inspirer confiance en se positionnant comme référente.

Exemple plaisant de la pièce du soutien

Cindy a une mission : elle doit développer les talents des collaborateurs de son organisation. Pour elle, son rôle ne se limite pas à gérer les aspects administratifs des ressources humaines, Cindy se considère comme un véritable mentor et un pilier. Elle discute avec les employés de leurs aspirations professionnelles, de leurs succès et des défis qu'ils rencontrent en mettant en place des relations où les collaborateurs se sentent en sécurité pour partager leurs préoccupations et ambitions. Elle offre des conseils judicieux et de précieux retours d'expérience. Elle s'investit activement dans sa mission. Elle sait que, dans un environnement de travail, la confiance est la clé d'une culture d'entreprise saine. Elle organise régulièrement des événements pour reconnaître publiquement le travail acharné et les réalisations de ses employés, que ce soit sous la forme d'un prix ou de vifs remerciements. Elle sait que la reconnaissance est essentielle pour la motivation et l'engagement, et elle veille à ce que chaque membre de l'équipe sache que son travail est apprécié.

Exemple déplaisant de la pièce du soutien

Cindy traverse une période difficile. Elle a mis en place un nouveau plan de formation ambitieux, convaincue qu'il répondrait aux besoins de développement des collaborateurs. Malheureusement, les résultats ne sont pas à la hauteur de ses attentes, et cela la plonge dans une crise de confiance. Peu de collaborateurs y ont participé et les retours ne sont pas positifs. Certaines formations n'ont pas été adaptées aux besoins des employés, et plusieurs d'entre eux se sentent démoralisés, ne voyant pas d'augmentation de leurs compétences. Ses échanges avec les collaborateurs, qui étaient auparavant chaleureux et ouverts, deviennent plus froids. Elle se sent indigne de la confiance qui lui a été accordée, se demandant comment elle a pu échouer. Elle craint que ses tentatives pour améliorer les choses soient perçues comme un signe de faiblesse ou d'incompétence. Dans un effort pour regagner leur confiance, elle tente de modifier son approche, mais elle reste consciente qu'elle laisse les collaborateurs désillusionnés et méfiants.

LA PIÈCE DU SOUTIEN PLAISANTE

Valeur de l'instant

Dans cette pièce, le pouvoir est votre valeur de l'instant, c'est-à-dire ce qui est important pour vous à l'instant T.

Votre motivation est d'être valorisé collectivement.

Crédo

Ensemble, on va plus loin.

Pensées plaisantes

Vous aimez accompagner les autres pour les guider vers la réussite, faire profiter de votre expérience et partager vos valeurs, vos croyances et vos traditions. Vous appréciez d'avoir confiance et d'inspirer confiance dans la durée.

Biais cognitif

Vous utilisez parfois le biais cognitif « de confirmation ». Vous avez tendance à privilégier les informations qui confortent vos préjugés, vos croyances ou vos convictions et qui confirment vos pensées d'origine. Vous faites preuve d'un excès de confiance en les renforçant, même face aux preuves qui les infirment.

Émotion plaisante

Vous vivez particulièrement l'émotion « dévouement ».
Synonymes : abnégation, fidélité, pouvoir, loyauté.

Quand vous faites preuve de dévouement, vous utilisez votre pouvoir, votre sens de la fidélité et vos convictions pour faciliter vos prises de décisions dans le respect de l'intérêt collectif. Cela vous provoque un état de détente mentale jouant positivement sur votre physique.

On peut vous voir comme quelqu'un de responsable puisque vous donnez l'impression de prendre des décisions réfléchies dans l'intérêt général.

Mais on peut aussi vous considérer comme moralisateur. Trop de dévouement tue le dévouement. Cet excès donne l'impression que vous êtes le garant indétrônable de la bonne morale ou des bonnes manières. Vous semblez alors trop rigide dans vos prises de décisions.

Comportement positif

Vous savez accompagner, guider, former et protéger les autres. Vous leur inspirez confiance en faisant preuve d'exemplarité. Vous aimez donner votre avis et partager vos opinions.

Besoin

Vous recherchez le respect.

Communication appropriée

Vous parlez de façon rassurante, engageante et protectrice. Vous vous positionnez en fédérateur.

LA PIÈCE DU SOUTIEN DÉPLAISANTE

Valeur bafouée

Quand vous n'inspirez pas confiance et que vous ne pouvez pas accompagner les autres, vous vous sentez désavoué.

Le jugement devient alors un facteur stressant. Le changement est douloureux, car il remet en question votre volonté de construire dans la durée et provoque un stress important.

Croyance limitante

Sans vous, les autres sont perdus.

Émotion déplaisante

Vous vivez particulièrement l'émotion « indignité ».
Synonymes : désaveux, irrespect, honte, déshonneur.

Quand vous vous sentez indigne, vous perdez votre faculté d'analyse et votre lucidité.

On peut vous voir comme quelqu'un d'honorable qui sait diriger de façon exemplaire dans le respect de tous et des valeurs communes.

Mais on peut aussi vous considérer comme « démissionnaire » quand vous pensez être trahi par les autres et que vous vous désengagez.

Comportements réflexes

Vous vous imposez la perfection ou l'imposez aux autres. Vous avez tendance à alourdir votre communication avec des leçons de morale qui vous donnent l'illusion de guider les autres et de leur montrer combien ils peuvent avoir confiance en vous. Vos interlocuteurs se sentent donc infantilisés.

Si on ne vous fait pas confiance, vous vous persécutez ou vous persécutez les autres par un jugement sévère incessant. Vous imposez des valeurs rigides, des niveaux d'exemplarité impossibles à tenir, ce qui provoque des tensions. Vos reproches concernant votre manière imparfaite de respecter vos valeurs vous empêchent de vous valoriser pour qui vous êtes.

Pour regagner la confiance, vous entrez en croisade et alourdissez les interactions ce qui ralentit le travail et lasse les bonnes volontés.

Confusion

Vous confondez aider avec sauver, convaincre avec imposer, guider avec infantiliser.

Phénomène de l'imposteur

Vous pouvez être amené à vivre le phénomène de l'imposteur « le génie naturel » : vous vous appuyez sur votre capacité innée à maîtriser tout ce qui se présente à vous. Vous éprouvez de la gêne ou de la honte en cas d'obstacle.

Communication inappropriée

Vous étouffez les autres en pensant pour eux et en les infantilisant par une communication moralisatrice. Vous êtes intolérant envers vous-même ce qui fait que vos interlocuteurs vous lâchent.

Procrastination

Vous remettez à demain ce que vous pouvez réaliser le jour même tant que vous n'avez pas les pleins pouvoirs.

POUR ALLER PLUS LOIN

La perception des émotions

Dans la pièce du soutien, vous considérez que le dévouement et l'indignité sont des états opposés qui proviennent de la même souche émotionnelle. Ils représentent des réponses contraires à un même type de contexte.

Vous êtes dévoué quand vous consacrez du temps, de l'énergie et parfois même vos ressources au service des autres par engagement, loyauté ou désir de contribuer. Vous vous considérez comme généreux et altruiste. Vos décisions sont responsables et motivées.

La perception que les autres ont de votre dévouement peut soit donner de vous une image responsable, soit moralisatrice.

Vous êtes perçu comme responsable quand vos décisions pour faire gagner le groupe sont prises en fonction de principes moraux partagés par votre entourage. En revanche, si vous sentez qu'ils ne partagent pas vos valeurs, vos croyances et vos principes, vous tentez de les remettre dans le droit chemin. Vous êtes perçu comme moralisateur et vous pouvez provoquer une baisse de motivation chez les autres.

Vous êtes indigne par rapport à des normes morales, éthiques ou légales quand vos actions, vos comportements ou vos choix sont jugés répréhensibles ou inacceptables par les autres. Cela provoque une perte de confiance et fragilise la prise de décision, vous amenant à percevoir chaque difficulté face à un blocage comme une preuve de votre indignité et de votre incapacité à inspirer confiance. Cela complique les relations sociales, conduisant à des conflits en raison de prises de pouvoir inadaptées.

La perception que les autres ont de votre indignité peut donner de vous une image soit honorable, soit démissionnaire.

Vous êtes perçu comme honorable quand vous êtes capable d'avouer vos erreurs et que vous vous servez d'elles pour faire les réglages nécessaires. En revanche, si les autres estiment que vous vous désolidarisez de la situation, vous apparaissez comme quelqu'un de démissionnaire qui n'assume pas ses choix.

ATTENTION

Votre indignité provoque souvent une colère intérieure non exprimée liée au sentiment d'injustice de ne pas être compris et suivi.

Alors que le dévouement favorise l'engagement, l'indignité génère la recherche de coupable et non de solution. Le dévouement et l'indignité représentent des états émotionnels opposés en raison de leurs effets contrastés sur le bien-être mental, physique et social.

IL NE FAUT PAS CONFONDRE

Aider *versus* Sauver

Aider renvoie à l'action de soutenir, de fournir des ressources ou d'offrir des conseils à quelqu'un qui en a besoin. Cela peut se manifester sous la forme émotionnelle, matérielle, financière ou pratique. Aider est un acte de solidarité et de coopération visant à faire gagner l'autre. Il encourage l'autonomie.

Sauver implique d'intervenir pour protéger quelqu'un ou quelque chose d'un danger imminent ou d'une menace, en prenant le contrôle sur ses pensées, ses émotions ou ses actes. Il retire à l'autre la capacité d'autonomie en croyant le faire gagner.

Confondre aider et sauver, c'est étouffer l'autre en pensant le faire pour son bien, mais en l'infantilisant au final, ce qui crée un sentiment de dépendance et de dévalorisation systématique de soi et des autres.

Convaincre *versus* Imposer

Convaincre consiste à persuader quelqu'un d'adopter un certain point de vue ou de prendre une décision par des arguments, des faits, des émotions ou des exemples. Ce processus implique un échange respectueux, où l'écoute et le dialogue sont essentiels. La personne convaincue se sent libre de choisir d'adopter le point de vue proposé.

Imposer, en revanche, signifie forcer une décision ou une opinion sans tenir compte des sentiments, des pensées ou de la motivation des autres. Vous utilisez l'autorité et la pression morale pour obtenir l'adhésion de l'autre sans sa participation et son consentement.

Confondre convaincre et imposer consiste donc à couper son écoute et à penser que votre vision de la situation est forcément la bonne. Cela peut conduire à une baisse de la motivation des collaborateurs qui ont le sentiment de ne pas être pris en compte et d'être écrasés.

Guider *versus* Infantiliser

Guider, c'est orienter, conseiller ou accompagner quelqu'un dans son apprentissage, sa prise de décision ou son développement personnel. Cela nécessite une écoute active, la compréhension des besoins de l'autre et l'offre d'un soutien adapté pour favoriser l'autonomie et la responsabilité.

Infantiliser consiste à traiter souvent de manière involontaire une personne comme si elle était « jeune » ou en incapacité de réfléchir ou de décider. Vos comportements sont condescendants, et vous prenez les décisions à la place de l'autre, empêchant ainsi son autonomie.

Confondre guider avec infantiliser consiste donc à effectuer un accompagnement dévalorisant pour l'autre en le niant sur le plan émotionnel, mental et comportemental. Cela conduit à une baisse de la motivation des collaborateurs qui ont le sentiment de ne pas pouvoir s'exprimer et exister.

POUR FAIRE COURT

La pièce du soutien plaisante

- **Valeur :** la confiance.
- **Émotion plaisante :** dévouement.
- **Image positive perçue :** responsable.
- **Image négative perçue :** moralisateur.
- **Comportement positif :** vous organisez.
- **Conséquences :** vous vous sentez gagnant collectivement.

La pièce du soutien déplaisante

- **Valeur bafouée :** la trahison.
- **Émotion déplaisante :** indignité.
- **Image positive perçue :** honorable.
- **Image négative perçue :** démissionnaire.
- **Comportement négatif :** vous jugez.
- **Conséquences :** vous vous sentez perdant collectivement.

Réflexion

Et vous, à quel endroit de votre véritable habitation verriez-vous la pièce du soutien ? S'agirait-il de votre bureau où vous aidez votre enfant à comprendre ses devoirs, de la pièce où vous construisez l'arbre généalogique de votre famille ou de la pièce où se trouve l'armoire qui renferme tous les souvenirs de votre passé ?

....

À vous de jouer

Identifiez une situation où vous visitez principalement la pièce du soutien. Comment la vivez-vous ? Est-elle plaisante ou déplaisante ?

....

....

....

LA PIÈCE DE L'ÉCOUTE

Motivation : bienveillance

« Il faut être un grand homme pour bien écouter les autres. »
John Calvin Coolidge,
Président des États-Unis (1872-1933)

BIENVENUE DANS LA PIÈCE DE L'ÉCOUTE !
ÉCOUTER, C'EST VIVRE ENSEMBLE !

Si vous imaginez votre maison des Méta-forts uniquement à travers la pièce de l'écoute, elle pourrait apparaître comme une maison charmante dont les murs sont recouverts de plantes grimpantes. Les couleurs douces se marient joliment avec les nombreuses fleurs qui sentent bon la fraîcheur. La tonnelle du jardin accueille un canapé suspendu couvert de coussins moelleux. Au-dessus de la porte, un dicton en lettres calligraphiées est peint à la main sur une jolie plaque teintée : « Petit nid d'amour, bonheur tous les jours ».

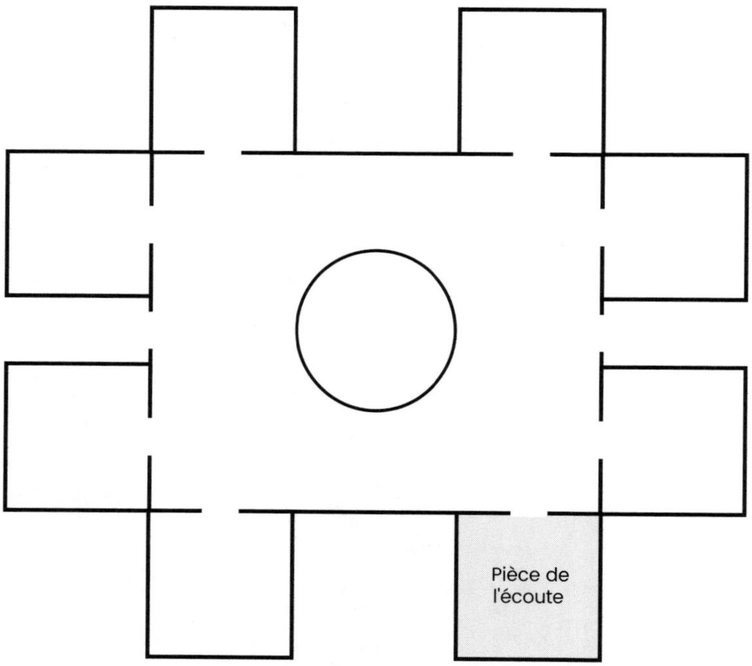

Cette histoire est-elle la vôtre ?

Paul est responsable de la paie dans son entreprise. Il est reconnu pour son écoute et son empathie.

Exemple plaisant de la pièce de l'écoute

Paul ne voit pas son travail comme une simple gestion des salaires. Il pense qu'il a un rôle social, ce qui lui permet de créer un lien fort avec les employés en comprenant leurs préoccupations et en leur apportant une écoute bienveillante. Lorsque le moment de la paie approche, il prend le temps de les rencontrer de façon informelle pour répondre à leurs questions et s'intéresser à leur situation personnelle si besoin. Souvent il prend le temps d'écouter un collaborateur anxieux pour lui proposer une solution lui permettant de faire face à une dépense imprévue d'ordre personnel. Il apporte une aide précieuse et sait établir un dialogue, les collaborateurs se sentent entendus et constatent qu'il prend soin d'eux sur les plans financier et moral.

Exemple déplaisant de la pièce de l'écoute

Paul se trouve dans une situation délicate lorsqu'il reçoit des directives de sa hiérarchie lui demandant d'arrêter de donner des acomptes aux salariés en difficulté financière. Il avait l'habitude d'aider les employés qui se retrouvaient dans des situations précaires en leur octroyant des avances sur salaire. La direction, souhaitant sécuriser la trésorerie, a décidé de mettre en place des règles strictes interdisant cet avantage. Lorsque Paul informe les employés de cette nouvelle mesure, il se sent immédiatement mal à l'aise. Il sait que plusieurs d'entre eux traversent des périodes compliquées liées, entre autres, à des problèmes de santé. Même s'il n'y est pour rien, Paul ne peut s'empêcher de ressentir une profonde culpabilité sachant que, pour certains, cette décision va aggraver leur situation. Il est submergé par des émotions contradictoires. D'un côté, il doit respecter la politique de l'entreprise, mais de l'autre, il se pense incapable de laisser les collaborateurs sans assistance. Paul, qui n'aime pas le conflit, cherche à sensibiliser la direction sur l'impact de cette politique sur le moral des employés. Il réunit des témoignages anonymes qui démontrent la détresse que cela engendre, en espérant que, face à l'impact humain, les responsables changent d'avis ou proposent des alternatives. Ce dilemme éthique le plonge dans une profonde tristesse.

LA PIÈCE DE L'ÉCOUTE PLAISANTE

Valeur de l'instant

Dans cette pièce, l'humanité est votre valeur de l'instant, c'est-à-dire ce qui est important pour vous à l'instant T.

Votre motivation est de créer l'harmonie et de vous sentir valorisé en prenant soin de vous et des autres.

Crédo

La bienveillance est toujours récompensée.

Pensées plaisantes

Vous aimez être en relation et vous occuper des autres, échanger et prendre des nouvelles, ressentir les choses. Le conflit est douloureux car il pourrait faire en sorte que vous ne soyez pas aimé. Il provoque un stress important.

Biais cognitif

Vous utilisez parfois le biais cognitif « disponibilité ». Vous pensez que c'était mieux avant. C'est une astuce de votre cerveau utilisée comme une stratégie émotionnelle de réconfort lorsque le présent vous paraît sombre.

Émotion plaisante

Vous vivez particulièrement l'émotion « bienveillance ».
Synonymes : amabilité, générosité, sympathie, compassion.

Quand vous faites preuve de bienveillance, vous avez accès à vos ressentis, facilitant la compréhension et le respect de l'autre.

On peut vous voir comme quelqu'un d'attentionné puisque vous donnez la sensation de toujours prendre en compte le bien-être de l'autre et d'être présent en cas de difficulté.

Mais on peut aussi vous considérer comme envahissant. Trop de bienveillance tue la bienveillance. Cet excès donne l'impression que vous manquez de personnalité et que vous êtes trop frileux dans vos prises de décisions.

Comportement positif

Vous prenez soin de vous et des autres. Vous êtes à l'écoute dans l'harmonie. Vous félicitez, mettez en relation et prenez des nouvelles.

Besoin

Vous recherchez le respect.

Communication appropriée

Vous parlez de façon apaisante, douce et harmonieuse. Vous êtes particulièrement prévenant.

LA PIÈCE DE L'ÉCOUTE DÉPLAISANTE

Valeur bafouée

Quand vous ne pouvez pas faire preuve de bienveillance et prendre soin des autres, vous vous sentez en faute.

Votre égoïsme et celui des autres ainsi que le conflit sous toutes ses formes deviennent des facteurs stressants.

Croyance limitante

Dire non, c'est créer le conflit.

Émotion déplaisante

Vous vivez particulièrement l'émotion « culpabilité ».
Synonymes : désaveu, irrespect, honte, déshonneur.

Quand vous vous sentez coupable, vous perdez votre capacité à ressentir et votre lucidité.

On peut vous voir comme quelqu'un de « vrai » qui sait utiliser sa culpabilité comme une alerte lui indiquant qu'il doit poser des limites pour lui et les autres.

Mais on peut aussi vous considérer comme fragile quand vous semblez vous accuser de tous les maux de la terre en niant la responsabilité des autres.

Comportements réflexes

Vous vous victimisez en vous dévalorisant constamment. Vous vous imposez des relations sans aucun conflit, avec pour obligation d'être agréable en toutes circonstances et de faire plaisir coûte que coûte. Cela agace les autres et les invite à vous dominer. Vous vous reprochez de ne pas vous imposer, ce qui vous dévalorise. Vous croyez être systématiquement inférieur aux autres.

Pour vous sentir gagnant collectivement, vous vous oubliez totalement et ne pensez qu'aux autres, ce qui met en péril vos propres intérêts et peut attirer les dominants à la recherche de dominés.

Confusion

Vous confondez entourer avec étouffer, gentillesse avec naïveté, donner avec tout donner.

Phénomène de l'imposteur

Vous pouvez être amené à vivre les phénomènes de l'imposteur « le génie naturel » : vous vous appuyez sur votre capacité innée à ressentir tout ce qui se présente à vous. Vous éprouvez de la gêne ou de la culpabilité en cas d'obstacle.

Communication inappropriée

Vous parlez de façon lisse, sans saveur et souvent ampoulée. Vous avez une difficulté à vous affirmer ce qui a pour conséquence de lasser vos interlocuteurs.

Procrastination

Vous remettez à demain ce que vous pouvez réaliser le jour même pour éviter de vivre le conflit.

POUR ALLER PLUS LOIN

La perception des émotions

Dans la pièce de l'écoute, vous considérez que la bienveillance et la culpabilité sont des états opposés qui proviennent de la même souche émotionnelle. Ils représentent des réponses contraires à un même type de contexte.

La bienveillance est votre volonté de vouloir le bien des autres. C'est une préoccupation authentique pour le bonheur, la santé et le bien-être de ceux qui vous entourent, ainsi qu'une intention d'agir de manière positive et constructive à leur égard. Elle favorise les interactions sociales apaisées et permet d'éviter le conflit.

La perception que les autres ont de votre bienveillance peut soit donner de vous une image attentionnée, soit envahissante.

Vous êtes perçu comme attentionné quand vous prenez soin des autres en répondant à leurs attentes. En revanche, si vous vous occupez de l'autre alors qu'il n'a rien demandé ou qu'il vous demande de le laisser faire, vous êtes perçu comme envahissant. Vous ressentez à la place de l'autre et prenez des décisions pour son bien-être sans son accord. L'autre peut avoir la sensation de ne pas pouvoir respirer.

La culpabilité est le sentiment qui se manifeste lorsque vous croyez avoir commis une faute, une erreur ou avoir manqué d'attention envers les autres. La culpabilité peut être réelle ou simplement perçue, et elle est souvent accompagnée d'un sentiment de regrets, de remords ou de tristesse. Elle complique les relations sociales, conduisant à des comportements de soumission ou à des conflits dus à des malentendus.

La perception que les autres ont de votre culpabilité peut soit donner de vous une image de vérité, soit de fragilité.

Vous êtes perçu comme vrai ou authentique quand vous avouez avec transparence votre culpabilité et que vous cherchez à réparer. En revanche, si vous vous attribuez tous les torts et que cela vous rend effacé ou figé, vous apparaissez comme quelqu'un de fragile incapable d'être lucide sur l'origine de la situation.

ATTENTION

Votre culpabilité provoque souvent une colère intérieure non exprimée liée au sentiment de ne pas être aimé. Elle va vous dévaloriser et provoquer des tensions morales importantes.

Alors que la bienveillance favorise l'apaisement et l'écoute, la culpabilité conduit à une tristesse profonde et destructrice. Bienveillance et culpabilité représentent des états émotionnels opposés en raison de leurs effets contrastés sur le bien-être mental, physique et social.

IL NE FAUT PAS CONFONDRE

Entourer *versus* Étouffer

Entourer signifie offrir un soutien, une protection et de l'affection à une personne. Vous êtes présent pour créer un environnement bienveillant et encourageant, montrer de l'empathie et de la compréhension tout en respectant les besoins et l'espace personnel de l'autre.

Étouffer implique que vos preuves d'attention, de contrôle ou de soutien deviennent excessives ou oppressantes. Cela se manifeste par des comportements intrusifs qui provoquent un sentiment d'étouffement chez l'autre.

Confondre entourer et étouffer consiste donc à être beaucoup trop présent dans l'accompagnement d'une personne en pensant que c'est pour son bien et en lui retirant toute possibilité de se sentir maître de sa vie.

Gentillesse *versus* Naïveté

Vous êtes gentil quand vous faites preuve de bienveillance, d'attention et de générosité envers les autres. Vous apportez du réconfort, de l'aide ou de la compréhension, tout en respectant vos limites personnelles et celles des autres.

La naïveté, en revanche, désigne votre tendance à faire confiance à l'autre, sans penser que vous pourriez être instrumentalisé ou manipulé et sans être conscient des intentions ou des réalités sous-jacentes.

Confondre gentillesse et naïveté, c'est penser qu'il n'y a jamais de mauvaises intentions qui se cachent derrière les demandes ou les postures des autres.

Donner *versus* Tout donner

Donner fait référence au fait de consacrer du temps, des ressources, d'apporter de l'aide, des conseils ou du soutien.

Tout donner implique un engagement total et souvent inconditionnel envers une personne sans tenir compte de vos propres limites ou besoins. C'est sacrifier votre temps, votre énergie, ou même votre santé physique et mentale pour répondre aux besoins d'autrui.

Confondre donner et tout donner, c'est mettre en péril votre équilibre mental, émotionnel, comportemental, familial et financier pour espérer recevoir l'amour de l'autre et exister à ses yeux.

POUR FAIRE COURT

La pièce de l'écoute plaisante

- **Valeur :** l'humanité.
- **Émotion plaisante :** bienveillance.
- **Image positive perçue :** attentionné.
- **Image négative perçue :** envahissant.
- **Comportement positif :** vous prenez soin.
- **Conséquences :** vous vous sentez gagnant collectivement.

La pièce de l'écoute déplaisante

- **Valeur bafouée :** la sensation que les autres abusent de votre bonne volonté.
- **Émotion déplaisante :** culpabilité.
- **Image positive perçue :** vrai.
- **Image négative perçue :** fragile.
- **Comportement négatif :** vous vous oubliez.
- **Conséquences :** vous vous sentez perdant collectivement.

Réflexion

Et vous, à quel endroit de votre véritable habitation verriez-vous la pièce de l'écoute ? S'agirait-il de votre salon où, depuis votre canapé, vous discutez avec vos amis ou votre famille, de votre cuisine où vous préparez avec amour les bons gâteaux que tout le monde aime ?

....

À vous de jouer

Identifiez une situation où vous visitez principalement la pièce de l'écoute. Comment la vivez-vous ? Est-elle plaisante ou déplaisante ?

....

....

....

RAPPEL DE LA VISITE

Vous venez de faire le tour du propriétaire. Vous connaissez maintenant tous les recoins de votre état d'esprit.

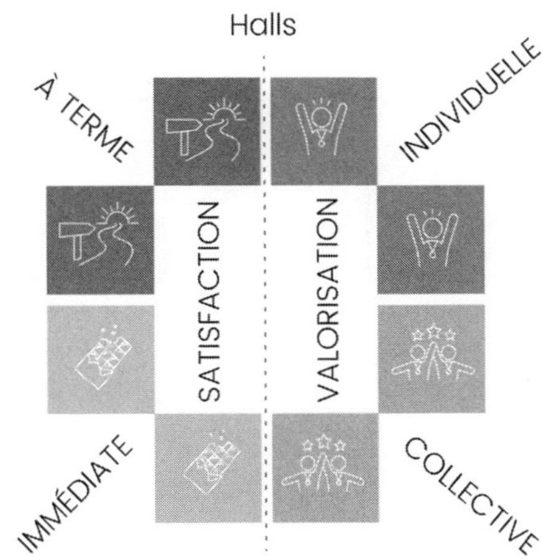

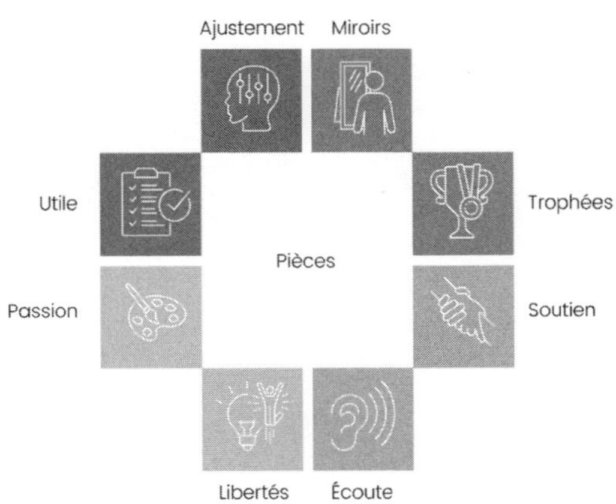

Dans chaque pièce, vous développez naturellement des qualités.

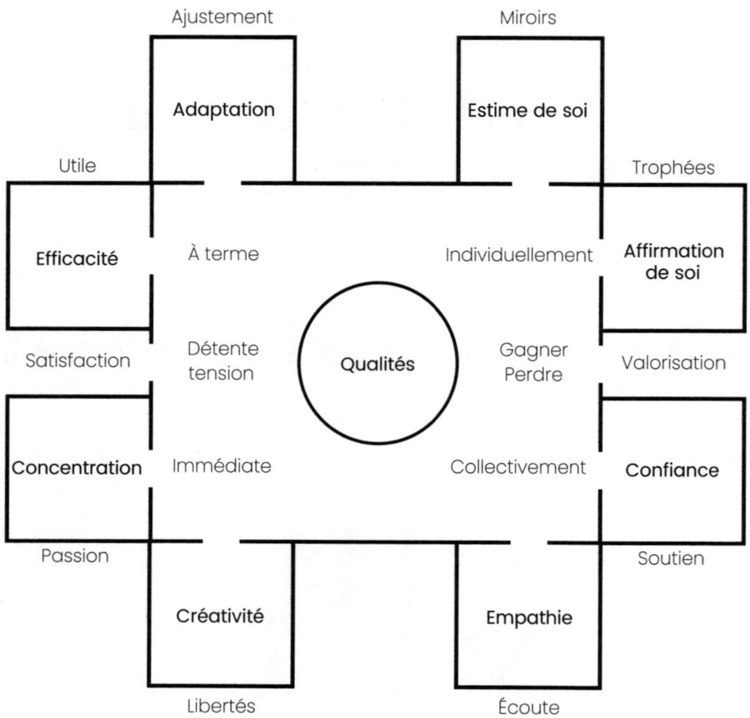

Vous vivez une émotion plaisante ou déplaisante.

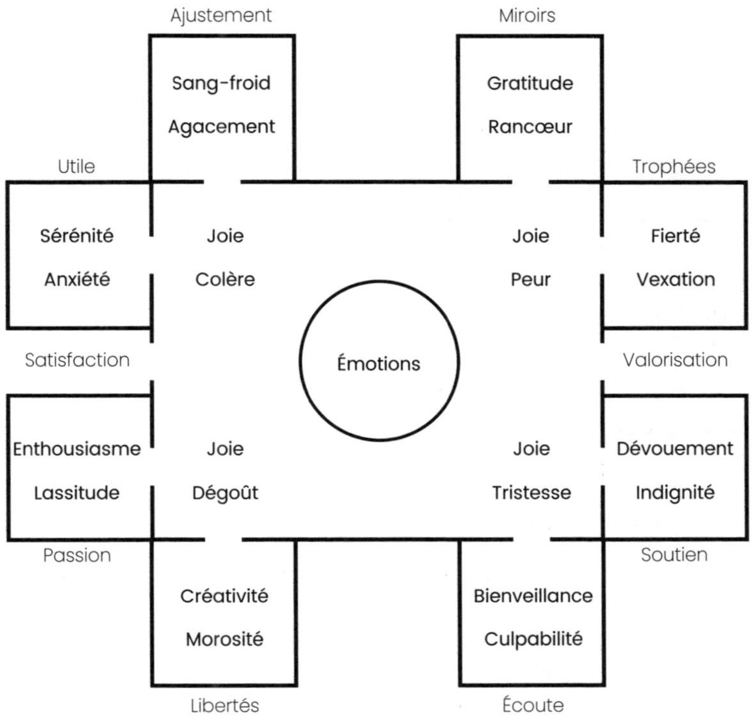

Vous cherchez à respecter une valeur de l'instant. Si vous n'y arrivez pas, elle est bafouée.

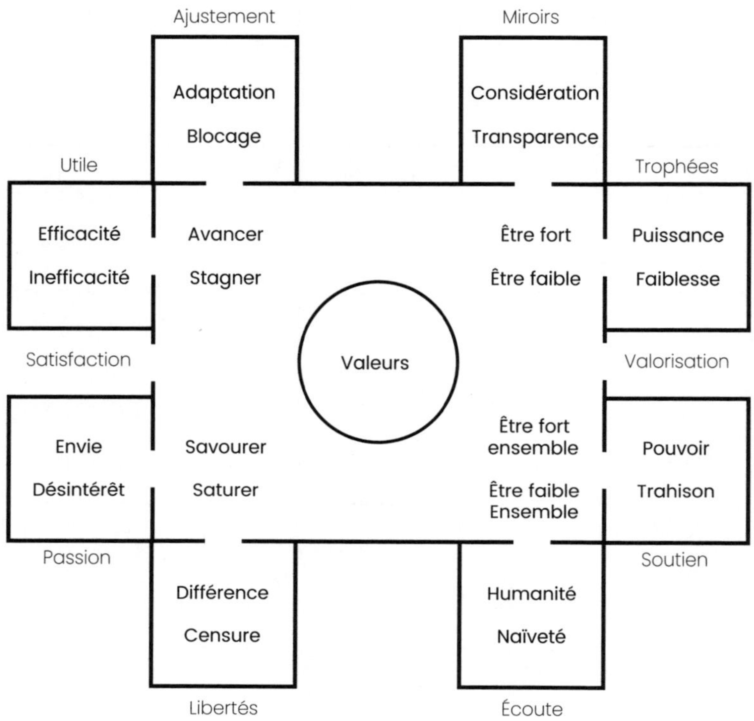

Vous exprimez vos émotions et vos pensées par des comportements positifs ou négatifs.

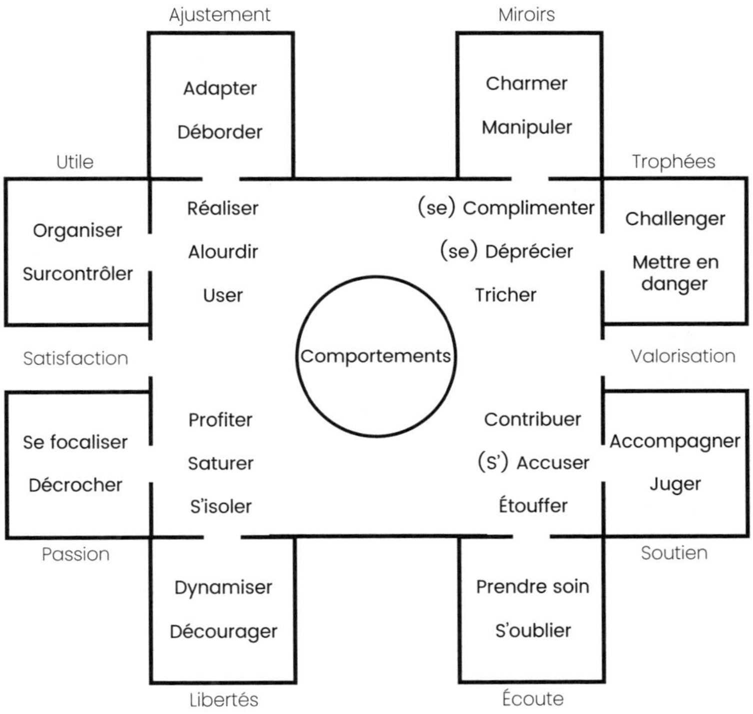

À vous de jouer

Quelle pièce vous semble la plus logique dans cette situation ?

– Vous devez remplir votre rapport d'activité.
– Vous êtes au téléphone avec un collaborateur qui a besoin de se confier.
– Vous ne vous êtes pas rendu compte que vous veniez de passer trois heures sur ce sujet.
– Vous demandez à un collègue ce qu'il pense de votre posture en réunion.
– Vous trouvez un moyen pour contourner un bug informatique qui vous empêche d'avancer.
– Vous devez trouver le thème de la prochaine convention d'entreprise.
– Vous devez réagir car votre collègue a de meilleurs résultats.
– Vous devez redonner confiance à votre équipe qui est en plein doute.

....

....

....

Solutions page 231.

UNE MAISON MODULABLE

Aucune maison ne ressemble à une autre. Il en est de même de votre état d'esprit qui est différent en fonction de la situation.

Cette histoire est-elle la vôtre ?

Béatrice et François

François et Béatrice doivent assister à la réunion annuelle des partenaires de leur société. Ils s'y rendent avec la voiture de François. Il est convaincu que cette réunion ne lui apportera rien et ne sera qu'une perte de temps. Pour lui, c'est une contrainte, une obligation peu motivante. Pendant tout le trajet aller, il est morose, et soupire. Arrivé sur place, il interagit froidement avec les autres participants qui comprennent vite qu'il aimerait être ailleurs.

Béatrice, quant à elle, voit cette réunion comme une opportunité de mieux connaître ses fournisseurs, ses clients et de créer des liens forts pour développer son business. Le trajet aller est lourd, car elle doit supporter la mauvaise humeur de son collègue alors qu'elle est, de son côté, dans une belle énergie. Dès qu'elle arrive sur place, elle rentre chaleureusement en contact avec tout le monde, ce qui lui permet de tirer le meilleur parti de l'événement.

Alors que François regarde sa montre en programmant déjà son départ prochain, il croise Yvan, un ancien camarade de lycée dont il n'a pas eu de nouvelles depuis des années. La surprise et la joie de retrouver un ami éveillent en lui des souvenirs nostalgiques et l'envie de savoir comment Yvan en est venu à participer à cette réunion. Ils discutent ensemble avec plaisir autour d'un verre, se rappelant le bon vieux temps tout en évoquant la meilleure façon de collaborer aujourd'hui.

Il est maintenant 18 heures. Cela fait 9 heures qu'ils sont arrivés. Béatrice est fatiguée après avoir beaucoup échangé. Elle envisage de partir et le fait savoir à François, toujours passionné par sa conversation. Même s'il est temps de rentrer, François ne peut s'arrêter. Son état d'esprit a radicalement changé. Il est rieur et décontracté et discute maintenant avec d'autres personnes que lui a présentées Yvan.

Béatrice s'impatiente et s'agace que François ne tienne pas compte d'elle en lui imposant de rester un peu plus. Elle aurait dû prendre son véhicule ! Finalement, sous la pression de Béatrice, il finit par saluer son ami et prendre la route du retour. Béatrice a le visage totalement fermé. François essaie de lui raconter le contenu de ses échanges avec Yvan, mais elle n'écoute pas. Ses seuls mots sont pour lui dire qu'elle lui en veut beaucoup.

Cette histoire met en lumière comment un état d'esprit peut changer rapidement en fonction de la situation et passer d'un état déplaisant à plaisant et inversement.

À vous de jouer : analyse situationnelle

Faites des hypothèses sur les pièces visitées par François et Béatrice et donnez-en la raison.

– Où était François avant de retrouver son ami ? Dans quelle pièce a-t-il fini ? Pourquoi ?

– Où était Béatrice avant de souhaiter partir de la soirée ? Dans quelle pièce a-t-elle fini ? Pourquoi ?

....

....

....

Solutions page 232.

COMMENT IDENTIFIER TOUTES LES FINESSES DE VOTRE ÉTAT D'ESPRIT ?

Ces différences d'état d'esprit sont symbolisées par plusieurs critères qui définissent les halls, les ailes et les pièces :

- l'éclairage des pièces et des halls,
- la taille des pièces et des halls,
- la porte des pièces,
- l'épaisseur des murs des pièces.

L'ÉCLAIRAGE DES HALLS ET DES PIÈCES

L'intensité de la lumière présente dans votre maison indique que vous y vivez des moments plaisants ou déplaisants. Plus la lumière est intense, plus vous vous sentez bien dans le hall ou la pièce concerné.

- ■ Plaisant
- ■ Très plaisant
- ■ Extrêmement déplaisant
- ■ Déplaisant
- ■ Très déplaisant
- ■ Extrêmement déplaisant
- ■ Ni plaisant / Ni déplaisant

La couleur des halls est la moyenne des couleurs des pièces de ce hall.

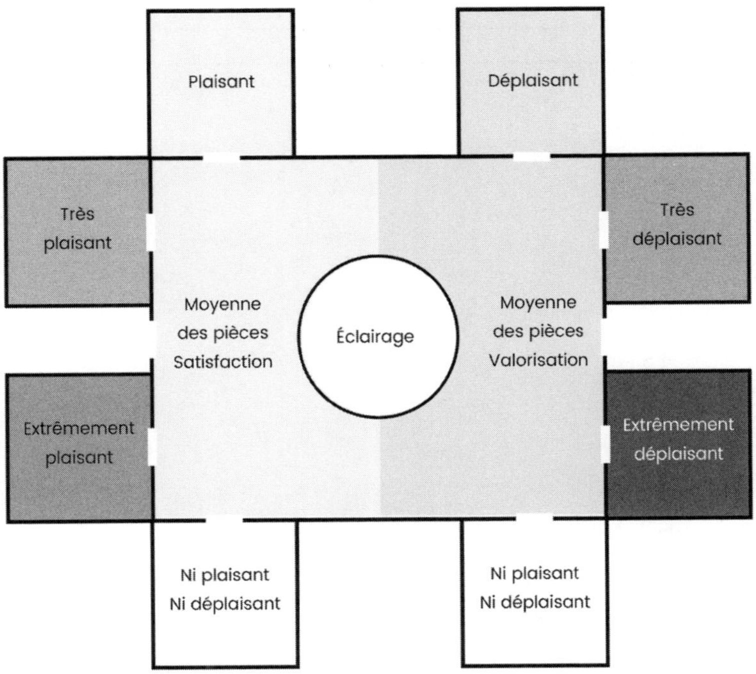

RAPPEL

Vivre un moment déplaisant dans une pièce ne signifie pas systématiquement que la conséquence est négative. De la même façon, y vivre un moment plaisant ne signifie pas forcément que la conséquence est positive.

L'éclairage est totalement indépendant de la taille de la pièce dont nous allons maintenant voir la signification.

À vous de jouer

Quelles sont ces pièces ? Quelle est la couleur de ces pièces ? Sont-elles éclairées ou sombres ?

– Vous en voulez à votre collègue car il raconte à tout le monde que vous faites n'importe quoi !

– Vous adorez votre job !

– Vous avez l'impression que tout le monde vous aime dans le service.

– Votre direction ne vous a pas laissé mettre en place un nouveau processus pour désengorger les livraisons. Ça vous énerve de voir ça !

....

....

....

Solutions page 235.

LA LUMIÈRE MODÉRATRICE

Parfois Souvent Très souvent

« Le savon est gris, mais il lave blanc. »
Proverbe russe

Si un soleil est présent dans une pièce sombre, il indique que, majoritairement, cet endroit est déplaisant mais que vous y passez de temps en temps des moments plaisants.

Cela est important pour le moral et permet d'apporter de la nuance dans votre pièce. Autant il est pratique de comprendre ce qui ne va pas pour l'améliorer, autant il est primordial de savoir ce qui va dans une pièce majoritairement sombre. Cela vous permet de dupliquer les moments plaisants et donc d'éclairer petit à petit une pièce plongée dans le noir.

Exemple

Le lancement du nouveau produit a pris un retard conséquent, ce qui vous a rendu très anxieux. Mais vous en avez profité pour améliorer l'efficacité de votre gestion de projet.

La pièce de l'utile est sombre mais elle possède un soleil.

LA TAILLE DES HALLS ET DES PIÈCES

LA TAILLE SYMBOLISE LE TEMPS PASSÉ

La notion de temps est très importante dans la compréhension de vos motivations.

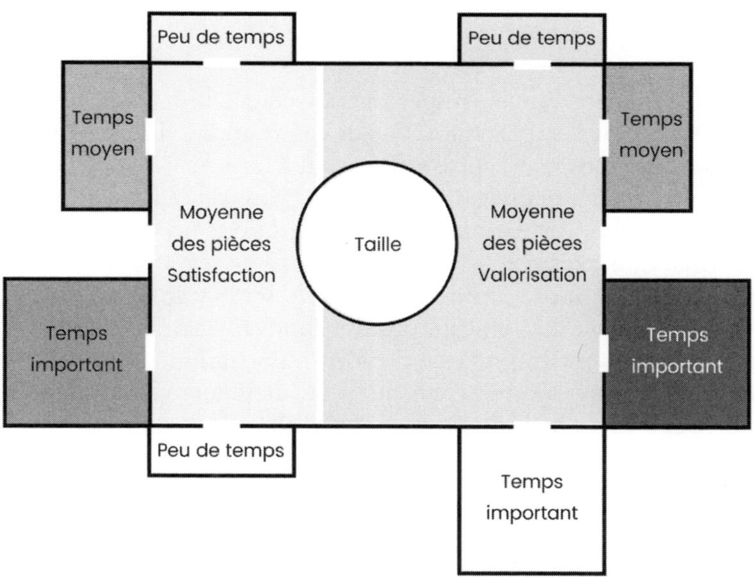

PLUS LE HALL EST GRAND, PLUS LA PIÈCE EST GRANDE, PLUS VOUS Y PASSEZ DU TEMPS

Ce critère est indépendant de l'éclairage et de la porte d'entrée de votre maison des Méta-forts. En effet, ce n'est pas parce que vous passez beaucoup de temps dans un hall que vous entrez par ce hall.

Le hall d'entrée représente votre besoin prioritaire face à la situation (satisfaction ou valorisation). Sa taille représente le temps que vous passez à nourrir le besoin associé au hall (satisfaction ou valorisation).

CONSÉQUENCE OU OUTIL

Le hall d'entrée utilise l'autre hall :

- soit comme une conséquence de son besoin prioritaire.
- soit comme un outil au service de son besoin prioritaire.

Exemple

Vous réalisez un travail en respectant les étapes prévues. Vous en êtes satisfait. Vous vous sentez valorisé par vos résultats. La valorisation est donc une conséquence de votre satisfaction à terme.
Pour vous motiver à réaliser un travail dont vous serez satisfait, vous vous lancez un défi. La valorisation individuelle est donc un outil au service de votre satisfaction à terme.
Vous recherchez à être considéré comme le service le plus créatif. Pour preuve, vous mettez au point un produit innovant. La satisfaction immédiate est donc un outil au service de votre valorisation collective.
Vous êtes considéré comme celui qui a les meilleurs résultats. Vous êtes motivé pour être satisfait de ce que vous réalisez afin de continuer à être valorisé. La satisfaction à terme est donc la conséquence de votre valorisation individuelle.

POUR FAIRE COURT

- ➢ Votre hall d'entrée correspond à votre besoin prioritaire.
- ➢ L'autre hall peut être soit un outil, soit une conséquence.

ATTENTION

- La couleur du hall et des pièces doit être associée à sa taille. En effet, passer beaucoup de temps plaisant dans un hall d'entrée indique que vous nourrissez abondamment votre besoin prioritaire (quantitatif). À l'inverse, y passer beaucoup de temps déplaisant indique que vous bafouez énormément votre besoin prioritaire (qualitatif).
- De la même façon, y passer peu de temps plaisant est le signe que vous ne nourrissez pas assez votre besoin prioritaire (quantitatif). À l'inverse y passer peu de temps déplaisant montre que vous n'arrivez pas à nourrir correctement votre besoin prioritaire (qualitatif).

À vous de jouer

Dessinez dans votre tête ou sur une feuille de papier la maison des Méta-forts de Léa en imaginant l'emplacement de la porte d'entrée, la taille et la couleur des halls et des pièces.

Léa est la boute-en-train du service. Elle sait mettre de l'ambiance mais en ce moment, elle est démoralisée et peu souriante. Elle doit vérifier des tableaux de contrôle rébarbatifs car sa collègue, dont c'est le travail, est en congé. Rien que d'y penser, elle est stressée. Habituellement, elle trouve toujours des solutions mais, sur ce sujet, elle se sent totalement coincée. Elle qui est passionnée par son métier se sent vide d'énergie. Bien sûr, elle sait qu'elle aura les félicitations de son responsable et que ça redorera son image dans le service. Mais ça ne suffit pas pour donner à Léa l'élan de commencer. Ses collègues ont conscience qu'elle est peu motivée par les tâches routinières même si elle sait que c'est obligatoire à la bonne marche du service. C'est son besoin de faire plaisir et de ne pas laisser ses collègues faire le sale boulot qui seront son moteur. Elle sait combien ces tableaux sont importants pour l'équipe et ne veut pas être la cause du dysfonctionnement de son service.

....

....

....

Solution page 236.

À vous de jouer

Quel est le hall d'entrée d'Edgar ? Comment se sert-il de l'autre hall ? Est-ce un outil ou une conséquence ?

Edgar est le studieux du service. Toujours concentré sur son travail, il est reconnu pour sa rigueur et son efficacité et jouit d'un profond respect de la part de ses collègues. Son manager lui annonce qu'il devra présenter, lors de la réunion mensuelle, les bases de la prochaine organisation qu'il doit mettre en place. Edgar travaille sur sa présentation avec acharnement. Il interroge ses collègues pour comprendre les problèmes qu'ils rencontrent au quotidien. Ses talents d'écoute lui permettent de collecter des idées innovantes. Grâce à son approche méthodique, il parvient à dégager des propositions concrètes pour construire son projet.

....

....

....

Solution page 236.

LES PORTES DES PIÈCES

Dans votre maison des Méta-forts, des portes donnent accès aux pièces. Elles symbolisent votre facilité à entrer dans chacune d'elles.

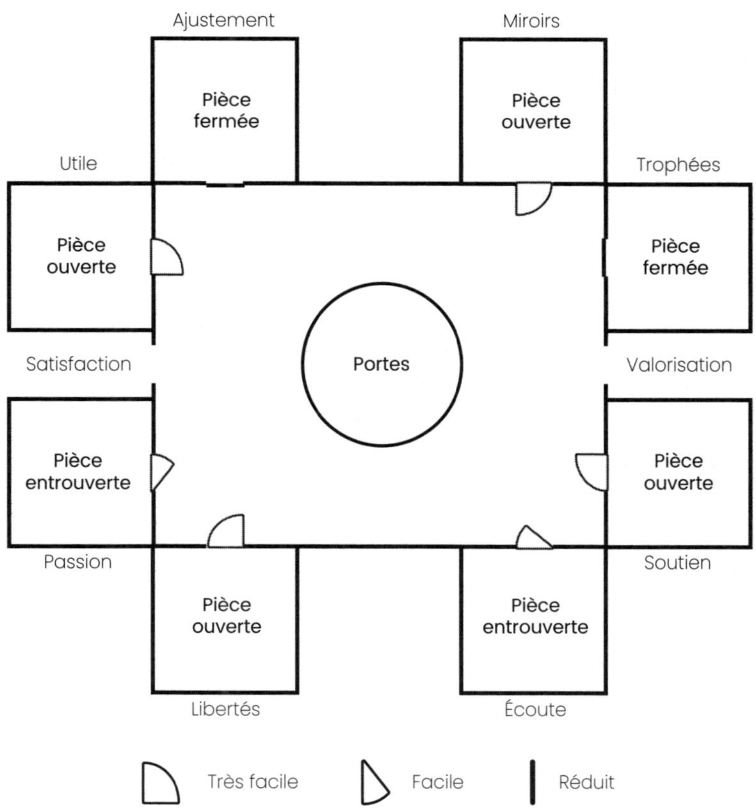

Une porte est soit :

- ouverte : en ce moment, vous entrez dans cette pièce avec une grande facilité, sans forcer et sans dépenser d'énergie ;
- entrouverte : en ce moment, vous entrez dans cette pièce avec facilité, sans forcer et en dépensant peu d'énergie. Il se peut que ce ne soit pas naturel, mais que vous ayez appris à le faire ;
- fermée : en ce moment, vous entrez dans cette pièce à reculons, à contre-cœur ou par obligation. Vous forcez et vous dépensez beaucoup d'énergie.

Vous y avez peut-être vécu récemment des moments déplaisants qui ne vous motivent pas à y retourner.

Exemple

Après une discussion pendant laquelle vous commettez une maladresse involontaire, deux de vos collègues entrent en conflit. Vous ne parlez plus à personne. Vous fermez la porte de la pièce de l'écoute pour ne pas revivre cette situation, car vous vous sentez coupable.

Votre culture et/ou votre éducation ont forgé en vous des croyances limitantes qui vous déconseillent ou vous interdisent d'accéder à cette pièce.

Exemple

Votre éducation vous a appris qu'il n'est pas correct de se mettre en avant, car cela pourrait être considéré comme de l'arrogance. Vous fermez la porte de la pièce des trophées pour éviter de vivre la fierté.

Vous pensez que cette pièce n'est pas adaptée à la situation que vous vivez.

Exemple

Vous avez un dossier important à terminer et vous ne vous autorisez aucune distraction. Vous fermez la porte de la pièce des libertés pour oublier le plaisir de l'instant et vous concentrer sur l'objectif à terme.

ATTENTION

Même si la porte est fermée, vous pouvez pénétrer dans la pièce. Ce sera simplement plus difficile et coûteux sur le plan émotionnel et mental. Il se peut aussi que cela provoque des tensions physiques.

La couleur des pièces est totalement indépendante de l'ouverture des portes. Une porte fermée n'entraîne pas systématiquement une pièce sombre. Si vous rencontrez une pièce fermée très éclairée, cela signifie que vous avez du mal à y entrer mais qu'une fois à l'intérieur, vous y passez des moments plaisants.

Exemple

Vous devez aller au cocktail organisé par votre société pour resserrer les relations interservices. Votre éducation vous a appris qu'il ne fallait jamais mélanger travail et détente. Vous vous forcez à y aller et une fois sur place vous vivez le plaisir de l'instant présent. Votre pièce des libertés est fermée et elle est très éclairée.

POUR FAIRE COURT

Une porte est soit ouverte, soit entrouverte, soit fermée. Elle symbolise votre facilité à accéder à une pièce.

À vous de jouer

Comment sont les portes de ces pièces ? Quelles sont les pièces concernées ?

– Vous faites beaucoup d'effort pour vérifier chaque commande afin de faciliter le travail des livreurs.

– Vous allez au bureau heureux car c'est la clôture d'un projet qui a été achevé dans les temps.

– Vous qui êtes plutôt un support client, cette fois-ci, vous travaillez pour gagner un contrat.

Solutions page 236.

LES MURS DES PIÈCES

Chaque pièce possède quatre murs. Un des murs accueille la porte d'entrée. Imaginez que cette porte se trouve dans votre dos. Vous faites maintenant face à trois murs : un à gauche, un à droite et un au centre.

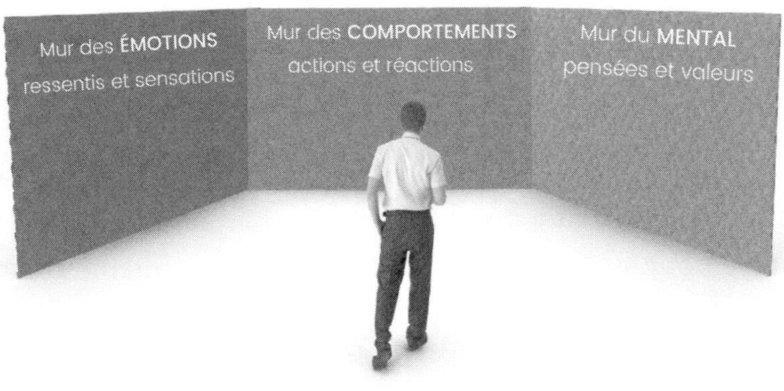

Sur votre plan, vous observez des murs plus épais que d'autres. Si c'est le cas, ils sont activés. Cela signifie que le mur influence majoritairement la couleur et la taille de la pièce. Chaque mur correspond à un aspect de votre intelligence situationnelle :

- Le mur de gauche symbolise vos émotions : ressentis et sensations.
- Le mur de droite correspond à votre mental : valeurs, croyances, pensées.
- Le mur du centre symbolise vos comportements : actions, réactions.

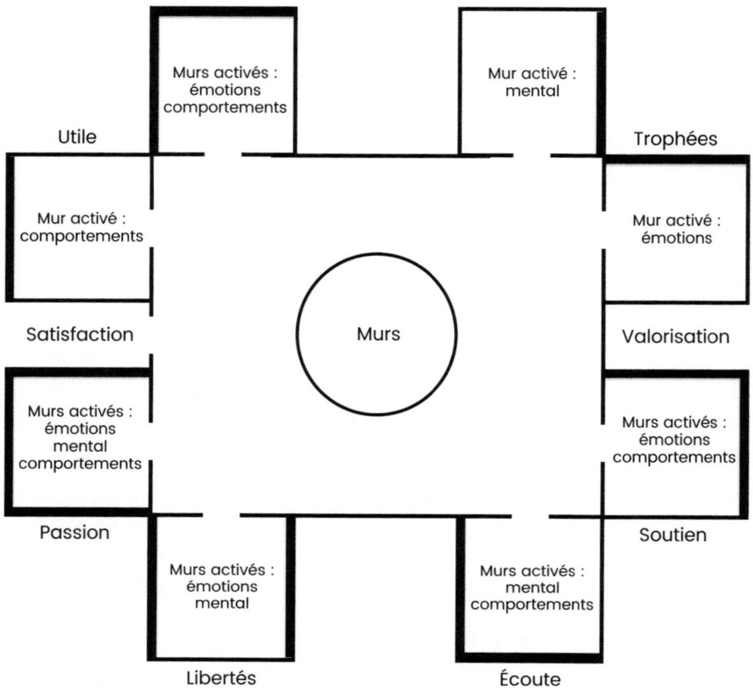

Il y a trois cas de figure possibles :

- Le mur émotions, le mur mental ou les deux en même temps sont activés sans que le mur comportements ne le soit : les émotions et le mental sont présents mais ne sont pas exprimés à travers vos comportements.
- Le mur comportements est activé ainsi que le mur émotions, le mur mental ou les deux en même temps : vous exprimez beaucoup votre état d'esprit à travers vos comportements.
- Le mur comportements est le seul activé : vous êtes en mode automatique et ne tenez compte ni de vos émotions, ni de votre mental pour agir.

En identifiant clairement le poids de vos émotions, de votre mental et de vos comportements sur votre approche de la situation, vous visualisez la source de vos moments plaisants ou déplaisants. Vous gérez plus facilement vos émotions et évitez des réactions impulsives ou inappropriées.

Grâce à la compréhension des interactions entre ces trois aspects de votre état d'esprit, vous vérifiez que vos comportements sont alignés avec ce qui est réellement important pour vous et vous faites vos ajustements avec lucidité.

Dans une situation déplaisante, vous écoutez les autres sans vous laisser influencer par vos émotions ou votre mental. Vous évaluez les options de manière plus objective et anticipez les conséquences potentielles de vos choix.

POUR FAIRE COURT

➢ Chaque mur représente un des trois facteurs qui influencent la couleur et la taille d'une pièce : émotions, mental, comportements.

➢ Les comportements sont l'expression de vos émotions et/ou de votre mental.

À vous de jouer

Quel est ou quels sont les murs activés dans la pièce ? Quelle est la pièce concernée ?

– Vous êtes débordant d'idées innovantes mais vous n'en parlez à personne de peur d'affoler vos collaborateurs.

– Vous ne vous posez aucune question. Vous faites ce que vous avez à faire pour être le meilleur.

– Vous sécurisez votre équipe en organisant avec sérénité l'avancée du projet.

....

....

....

Solutions page 237.

Partie

II COMMENT HABITEZ-VOUS VOTRE MAISON DES MÉTA-FORTS

Ce qui distingue votre maison d'une autre est, en premier lieu, son aspect extérieur, son jardin, et son architecture.

Pour autant, une fois entré dans votre maison, un autre critère affirme votre différence : la décoration. Chaque pièce est ornée de tableaux qui donnent des indications précieuses sur la manière dont vous la vivez.

Cela permet également de comprendre comment vous évoluez entre ses pièces et passez de l'une à l'autre.

Bienvenue chez vous !

L'ATMOSPHÈRE DE VOTRE MAISON

Fait-il beau dehors aujourd'hui ? En observant l'arbre qui trône à l'entrée de votre maison et le ciel qui la surplombe, vous possédez deux informations importantes :

- votre niveau d'énergie,
- le climat généré par la situation vécue.

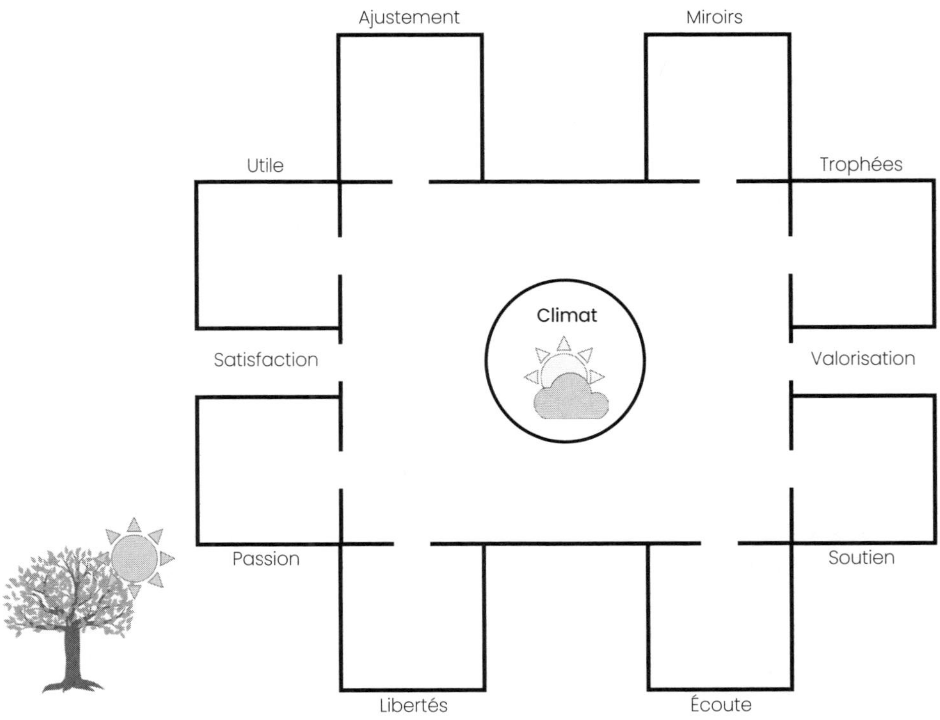

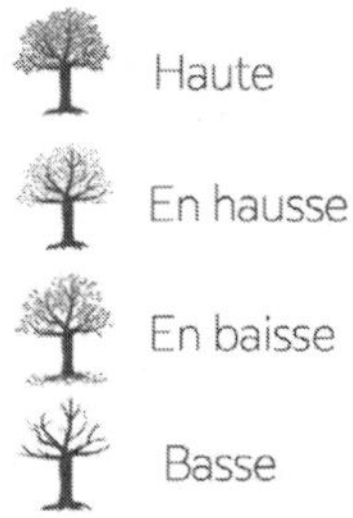

LE NIVEAU D'ÉNERGIE

L'arbre indique votre niveau d'énergie actuel. Cette indication est importante pour savoir si vous possédez les réserves nécessaires pour aborder un changement. Si ce n'est pas le cas, reconstruire son potentiel vitalité est un objectif prioritaire. Le repos, tranquillement installé au pied de votre arbre à sentir la douce chaleur du soleil sur votre visage, est à envisager.

Le monde actuel nous fait oublier que la convalescence est une étape importante et obligatoire pour notre santé. Ce mot a disparu de notre vocabulaire. Nous sommes devenus très binaires. Nous sommes malades ou guéris. Plus rien n'existe entre les deux. Je vous propose donc de goûter à nouveau à ces moments hors du temps où la nature reprend ses droits. Calmez le jeu pour faire le plein d'énergie avant de revenir à un rythme normal.

ATTENTION

Surestimez-vous votre état de forme actuel ? Écoutez-vous les signes que vous envoie votre corps ? Le célèbre « ça va aller ! » débouche parfois sur des catastrophes.

LE CLIMAT DE VOTRE MAISON

Comment est le ciel au-dessus de votre maison ? Fait-il beau ou mauvais temps ? Le soleil, les nuages ou la neige symbolisent ce que vous pensez vivre actuellement. Plus le soleil est chaud, plus votre situation vous paraît plaisante. Plus le temps est mauvais, plus votre situation vous semble déplaisante.

Il est intéressant d'observer le climat qui est indiqué au centre de votre table d'orientation. Il est le reflet de votre vision de la situation, fruit du constat du Selfie-coach.

Si vous constatez un écart significatif, c'est-à-dire supérieur à un niveau entre le climat que vous avez annoncé et celui qui se trouve dans la maison des Méta-forts (exemple : soleil très beau à l'extérieur et nuageux à l'intérieur ou l'inverse), vous pouvez en déduire que votre vision de votre état d'esprit manque de lucidité :

- Le climat extérieur est supérieur au climat intérieur : êtes-vous trop optimiste ou dans le déni ?
- Le climat extérieur est égal au climat intérieur : vous semblez lucide.
- Le climat intérieur est supérieur au climat extérieur : êtes-vous trop pessimiste, défaitiste ou catastrophiste ?

ATTENTION

Ce critère est à prendre en compte au moment de vous fixer un objectif de changement afin de pondérer ou au contraire d'intensifier celui-ci.

Exemple

Vous êtes très optimiste dans l'objectif que vous vous fixez. Votre soleil extérieur est au zénith mais le climat intérieur est pluvieux. Votre objectif est-il raisonnable ?

LES PIÈCES PRÉFÉRÉES

En entrant dans une pièce, vous recherchez à y vivre l'émotion plaisante qui y est associée. Si vous y trouvez un cœur, cette attente est exacerbée. Si la pièce est éclairée, l'émotion plaisante qu'on y trouve est très puissante. Mais, si la pièce est sombre, la déception est immense puisque l'attente y est plus importante qu'ailleurs.

Un cœur présent dans une pièce est donc l'amplificateur de vos émotions, de vos valeurs et de vos comportements. Il augmente la sensation de vécu plaisant ou déplaisant de la pièce.

Exemple

Vous décidez de prendre part à des groupes de travail pour mettre en place de nouveaux processus mais rien n'avance. Vous attendiez beaucoup de ces réunions, l'anxiété que provoque ce surplace est considérable.

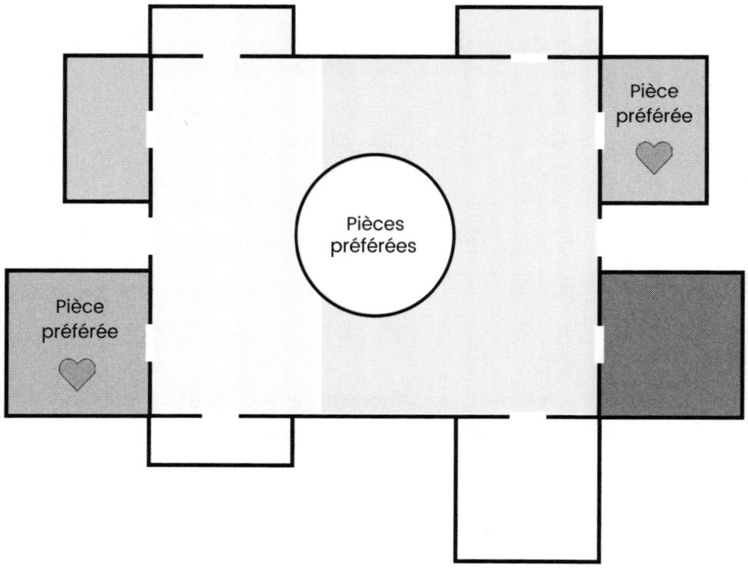

ATTENTION

La présence d'un cœur dans une pièce ne signifie pas forcément que celle-ci soit éclairée.

POUR FAIRE COURT

➢ Un cœur vous indique les pièces dans lesquelles vos attentes sont fortes.

À vous de jouer

Les pièces citées possèdent-elles un cœur ? Quelles sont ces pièces ?

– Vous attendez la confiance totale de votre équipe et vous ne l'obtenez pas. Vous êtes totalement miné !

– Vous avez besoin de calme pour vous concentrer pleinement et votre bureau vous permet de le trouver.
– Vous êtes venu à cette soirée d'entreprise en espérant vous détendre et passer un agréable moment comme vous les aimez. Mais les autres ne parlent que de boulot.
– Vous venez de recevoir les félicitations de votre patron. Depuis le temps que vous les attendiez... Vous en auriez sauté de joie !

....

....

....

Solutions page 237.

L'EXPRESSION DU STRESS

Dans votre maison des Méta-forts, vous trouvez des indications sur la manière dont vous exprimez votre stress :

- Deux épées croisées vous indiquent que vous l'exprimez par l'affrontement interne (avec vous-même) ou externe (avec les autres).
- Une larme vous indique que vous l'exprimez par la plainte en vous lamentant sur votre sort ou sur celui des autres.
- Un feu vous indique que vous l'exprimez en reprochant aux autres, de façon manipulatoire ou non, d'être la cause de ce que vous vivez.
- Un cadenas vous indique que vous ne l'exprimez pas et que vous êtes frustré de ne pas pouvoir réagir.

LES TROIS INTENSITÉS DE STRESS

- **Faible** : c'est une expression fine de votre stress basée sur vos réflexes souvent inconscients. Ces derniers sont communément appelés *drivers*. Ils vous invitent à rechercher à être parfait ou fort en toutes circonstances, à tenter de faire plaisir ou à montrer combien vous faites des efforts. Vous pouvez les effacer en les conscientisant. Si vous les employez systématiquement, ils deviennent très gênants pour vous et votre entourage.

- **Moyenne** : c'est une expression consciente et événementielle de votre stress basée sur vos émotions primaires (colère, peur, dégoût, tristesse). Il est encore temps de l'utiliser comme un moteur plutôt que comme un broyeur d'énergie.
- **Forte** : c'est une expression consciente – événementielle ou dans la durée – de votre stress, basée sur vos émotions primaires (colère, peur, dégoût, tristesse) exacerbées. Il est quasi impossible de la gommer. Le mieux est de prendre du recul pour retrouver calme et lucidité.

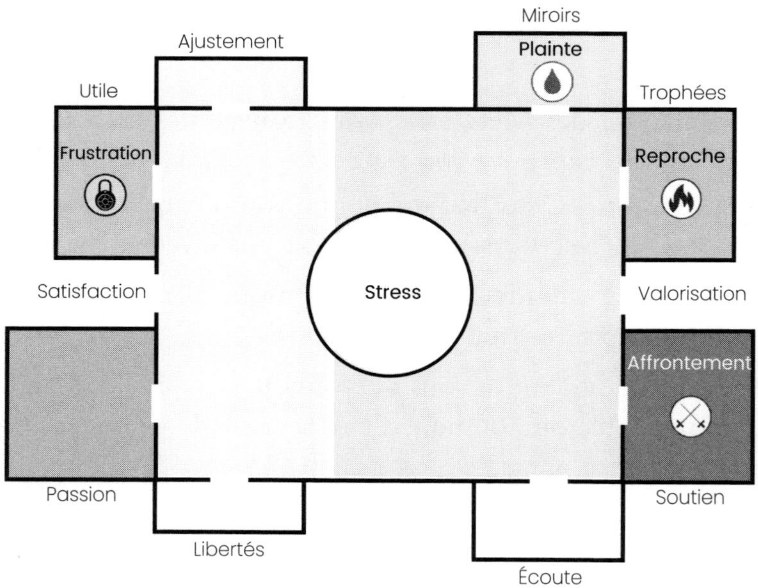

ATTENTION

Le stress est souvent perçu de manière négative, mais il peut aussi avoir des effets positifs dans certaines situations. Ce n'est donc pas le stress qui pose problème mais bien comment vous l'utilisez.

S'il est évident que le contexte génère votre stress, il faut d'abord s'interroger sur la façon de changer la situation qui le provoque. Mais c'est, dans la majorité des cas, impossible.

Il arrive également que ce soit votre vision de la situation qui provoque cet état de tension intense.

Il est inutile d'essayer de le combattre puisqu'il est similaire à un réflexe. Quand votre médecin tapote votre genou avec un marteau pour vérifier que votre jambe va correctement réagir, il vous est impossible de la contrôler. Il en va de même pour votre stress.

Si vous considérez que c'est un signal essentiel qui vous aide à identifier des problèmes potentiels et déclencher vos changements, il devient un appui supplémentaire pour mobiliser vos ressources. Ignorer son stress a des effets négatifs à long terme. Y prêter attention et l'utiliser sont des réflexes que vous développez grâce à l'intelligence situationnelle.

LA RÉSILIENCE

Moyenne Forte

La résilience est votre capacité à faire face et à vous adapter à une situation difficile ou stressante. C'est votre flexibilité psychologique et votre force intérieure qui vous permettent de surmonter des défis, de vous reconstruire après des épreuves et de continuer à avancer malgré les obstacles. Elle facilite l'ajustement de votre mental, de vos émotions et de vos comportements dans des situations complexes.

Vous gardez alors une vision constructive de la vie, même en période de crise, en voyant des opportunités d'apprendre à partir d'expériences compliquées.

La résilience présente sur votre table d'orientation indique que vous utilisez votre expérience passée pour mieux gérer la situation actuelle.

> **ATTENTION**
>
> S'il n'y a pas de résilience sur votre table d'orientation, cela signifie que vos réponses au questionnaire n'en font pas mention. Pour autant, vous pouvez malgré tout être inconsciemment résilient.

À vous de jouer

Quels types d'expression du stress voyez-vous dans ces trois propositions ?

Vous deviez présenter devant votre patron le planning des événements que votre collaborateur devait concevoir. Mais, il ne vous l'a pas envoyé et vous le convoquez en entretien.

– « Je me suis pris une réflexion du grand patron à cause de ton retard. Sois gentil, la prochaine fois, fais un effort et rends-moi ton travail dans les temps parce que ça a été très violent pour moi. »

– « C'est la dernière fois que tu me rends ton travail en retard. Je suis clair ? »

– « Si tu m'avais prévenu de ton retard, je ne l'aurais pas découvert pendant la réunion en consultant mes mails ! »

....

....

....

Solution page 238.

LES RECHARGES D'ÉNERGIE

Bien-faire Bien-être

Dans certaines pièces, vous trouvez des piles qui vous indiquent que vous y reconstituez vos réserves en vitalité. Bien sûr, nourrir vos valeurs et soigner vos émotions apportent déjà beaucoup. Mais la pièce possédant une pile est plus puissante que les autres. Elle vous redonne plus rapidement l'énergie nécessaire pour avancer.

Exemple

Vous avez certainement vécu des moments que vous attendiez impatiemment et qui auraient dû restaurer votre énergie. Et pourtant, cela n'a pas été le cas. La pièce que vous avez visitée ne possédait pas de pile. Si vous en aviez visité une avec une recharge d'énergie, vous auriez reconstitué votre capital vitalité plus efficacement et plus vite.

Il existe deux types de piles :

- Les recharges « bien-faire » sont générées par le sentiment du devoir accompli, du respect des attendus, de la recherche de perfection ou de la preuve de votre force. Elles s'expliquent car elles sont liées à des faits ou des événements qui procurent des pensées plaisantes.

Exemple

J'ai aidé mon équipe à gagner. Cette situation me recharge en énergie. Je trouverai donc une pile « bien-faire » dans la pièce du soutien.

- Les recharges « bien-être » sont générées par une impression, une sensation de fluidité, un lâcher-prise. Elles ne s'expliquent pas et procurent des sensations plaisantes.

Exemple

J'arrive dans une réunion constituée de personnes avec lesquelles je me sens bien. Je vais trouver une pile « bien-être » soit dans la pièce des libertés si je considère que c'est l'ambiance qui est la source de mon bien-être, soit dans celle de l'écoute si je sens que les autres prennent soin de moi.

La recharge « bien-être » est plus puissante que celle du « bien-faire ». Elle est plus rare et plus précieuse dans le sens où c'est une réserve d'énergie rapide et efficace qui peut se cacher dans une petite pièce ou derrière une porte fermée. Le « bien-faire » peut déboucher sur le « bien-être » mais ce n'est pas automatique. En revanche, le « bien-être » favorise nettement le « bien-faire ».

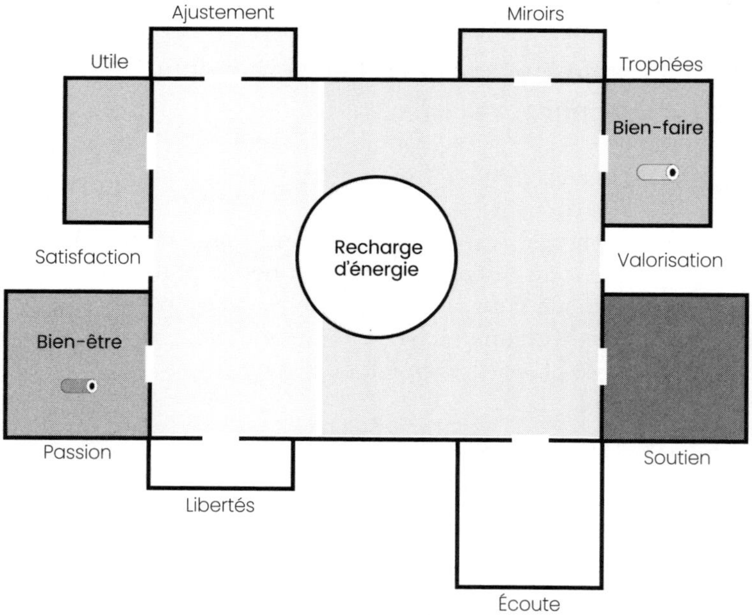

ATTENTION

La présence d'une pile dans une pièce ne signifie pas forcément que celle-ci est éclairée. Dans le cas où la pièce est sombre, cela indique que vous trouvez un bénéfice à vivre l'obscurité de la pièce.

Exemple

J'adore me mettre en colère. Cela me donne une énergie incroyable. Ma pièce de l'ajustement est sombre mais elle possède une pile bien-être.

POUR FAIRE COURT

Pour reprendre de l'énergie, priorisez les piles « bien-être » qui vous apportent plus rapidement et plus efficacement de la vitalité.

À vous de jouer

Les pièces citées possèdent-elles une pile ? De quel type de pile s'agit-il ? Quelles sont ces pièces ?

– Quand vous terminez une tâche, vous êtes serein, et en même temps, cela ne vous apporte pas grand-chose.

– À chaque fois que vous passez du temps avec votre patron en réfléchissant avec lui à de nouvelles stratégies, vous ne savez pas pourquoi, mais vous en sortez totalement reboosté.

– Vous avez terminé meilleur vendeur de l'équipe. C'était le challenge que vous vous étiez fixé. Vous auriez été très déçu de ne pas être au rendez-vous. Vous êtes prêt à remettre ça l'année prochaine.

Solution page 238.

LA MOBILITÉ CONSCIENTE

Dans votre maison des Méta-forts, vous vous déplacez peut-être de façon consciente en quittant une pièce pour vous rendre dans une autre.

Si vous savez vous déplacer consciemment d'une pièce à l'autre dans un hall, des pas y seront présents. La couleur indiquera la facilité avec laquelle vous vous déplacez. Les pas sur la table d'orientation indiquent que vous pouvez consciemment et aisément passer d'un hall à l'autre. C'est une information importante quand vous concevez un plan d'action ou que vous faites face à un stress. Plus votre mobilité est grande, plus il vous est facile de vous adapter.

Les pas présents dans un hall indiquent que vous êtes facilement mobile entre les pièces de ce hall.

Les pas présents sur la table d'orientation indiquent que vous êtes facilement mobile entre les halls.

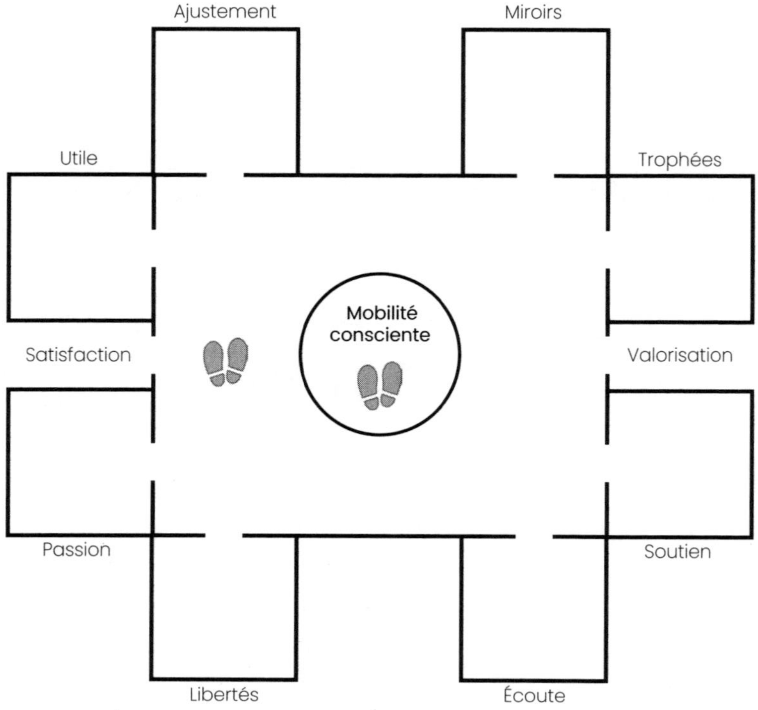

ATTENTION

Ne pas avoir de pas sur votre plan n'indique pas que vous êtes incapable de vous déplacer mais que vos déplacements sont plus coûteux en énergie.

À vous de jouer

En observant le plan ci-dessus, identifiez votre capacité à être mobile.

....

....

....

Solutions page 239.

LA MOBILITÉ INCONSCIENTE

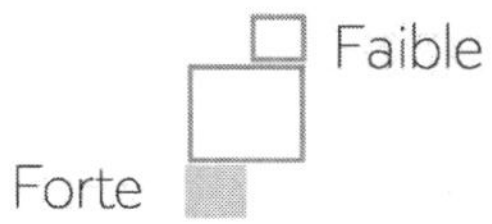

Sans que vous en soyez conscient, certaines pièces sont en relation avec d'autres. C'est comme s'il y avait un passage secret qui les reliait.

Si vous avez joué au Cluedo, certaines pièces du plateau de jeu possèdent un escalier secret qui vous amène dans une autre pièce sans être obligé de lancer les dés. Il en est de même dans la maison des Méta-forts. Cette mobilité inconsciente est indiquée sur votre plan.

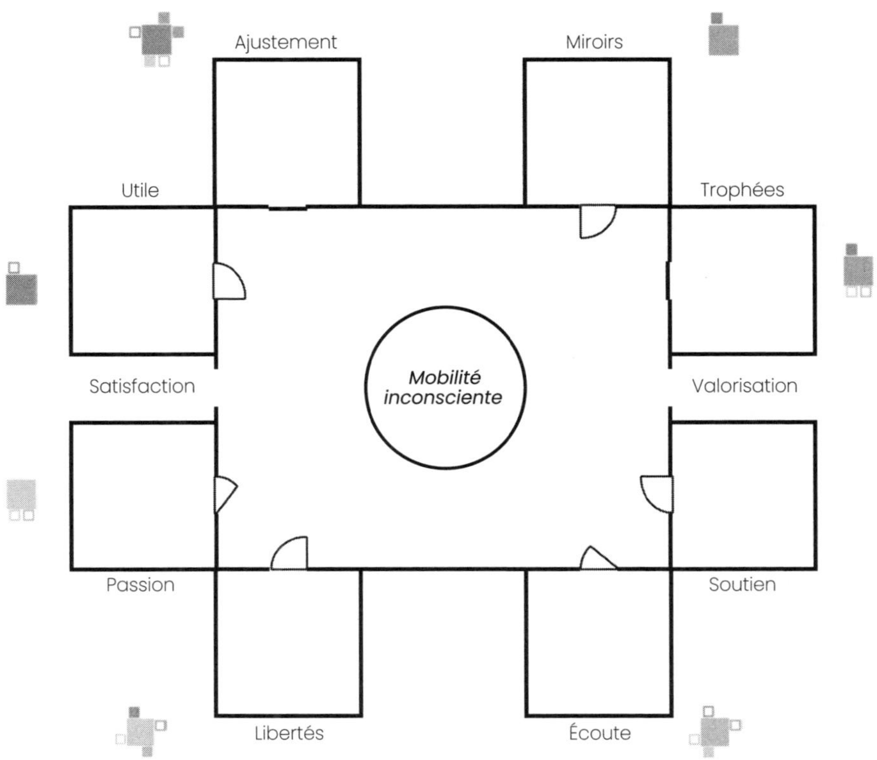

Un carré, représentant la maison des Méta-forts, est entouré de carrés plus petits qui symbolisent l'emplacement des pièces reliées. Les petits carrés pleins désignent une liaison forte. Ceux qui sont évidés symbolisent une liaison faible.

La liaison est un moyen d'entrer dans une pièce fermée. Si vous agissez sur les valeurs, les émotions et/ou les comportements de la pièce liée, cela a un impact direct sur celle dans laquelle vous avez du mal à entrer.

Exemple

Imaginez que la pièce des libertés soit en relation avec la pièce des miroirs qui est fermée. En vivant la créativité de votre pièce des libertés, vous activez la gratitude de votre pièce des miroirs ce qui vous permet d'y entrer.

ATTENTION

Dans le cas où une pièce possède beaucoup de liaisons (trois à quatre minimum), elle est considérée comme une pièce centrale de votre maison des Méta-forts. Elle a une influence significative sur les autres.

À vous de jouer

Sur le plan de la maison des Méta-forts ci-dessus, quelles sont les pièces en lien avec la pièce de l'ajustement ? Ensuite, observez toutes les pièces et identifiez quelles sont les pièces centrales.

....

....

....

Solutions page 239.

LES ÉMOTIONS

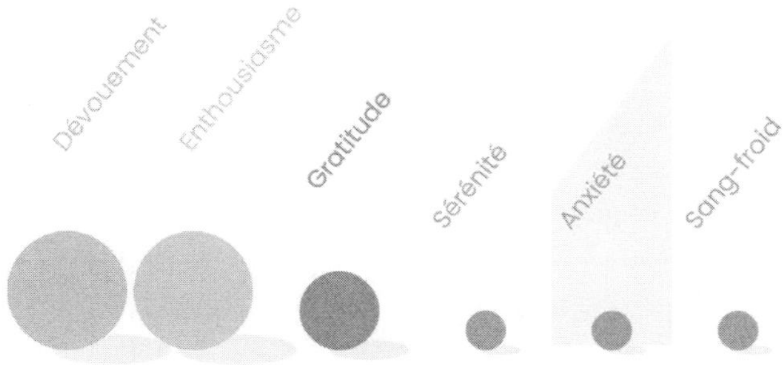

Dans la maison des Méta-forts, vous vivez des émotions conscientes ou inconscientes plus ou moins intenses.

Dans les quatre ailes, vous éprouvez des émotions primaires. Vous recherchez partout en priorité la joie. Si vous ne la trouvez pas, vous vivez :

- **La colère dans l'aile de la satisfaction à terme.** Vous avez la sensation de stagner ou de vous éloigner de l'objectif que vous vous êtes fixé. Votre colère est soit tournée vers ce qui vous empêche d'avancer, soit vers vous-même.
- **Le dégoût dans l'aile de la satisfaction immédiate.** Vous ne prenez plus aucun plaisir à ce que vous faites ou à ce que vous créez. Le plaisir de l'instant est absent.
- **La peur dans l'aile de la valorisation individuelle.** Vous avez peur d'avoir peur ! Montrer une faiblesse vous est insupportable.
- **La tristesse dans l'aile de la valorisation collective.** Vous êtes déçu de ne pas pouvoir aider les autres ou de ne pas être à la hauteur. Votre tristesse est tournée vers les autres ou vous-même.

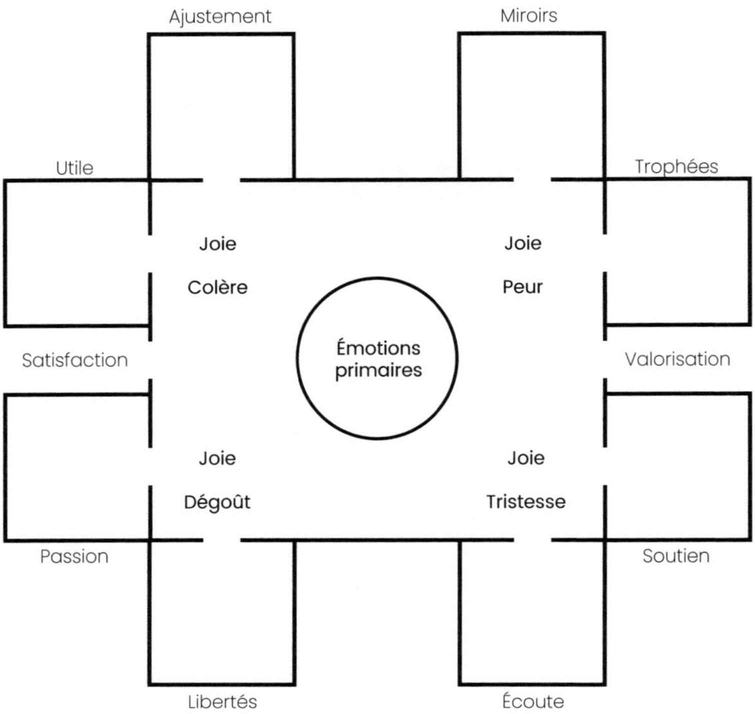

Les émotions vécues dans les pièces sont des émotions dites secondaires. Elles précisent les émotions primaires des ailes.

Exemple

Le dégoût vécu dans l'aile de la Satisfaction immédiate devient dans les pièces de la passion et des libertés de la lassitude ou de la morosité.

Vos émotions sont classées en trois familles et trois types.

LES FAMILLES D'ÉMOTIONS

- **Émotion consciente :** vous avez conscience de la vivre. Vous êtes lucide puisqu'elle est présente dans votre maison des Méta-forts.
- **Émotion inconsciente :** vous n'avez pas conscience de la vivre, et pourtant, elle est présente dans votre maison des Méta-forts. Vous manquez sans doute de lucidité émotionnelle.

- **Émotion recherchée :** vous souhaitez vivre cette émotion consciemment ou inconsciemment.

LES TYPES D'ÉMOTIONS

- **Émotion racket** : vous avez conscience de la vivre mais elle cache une autre émotion inconsciente que vous vous interdisez.

Exemple

Vous êtes en colère pour cacher que vous êtes triste. Il est inutile d'essayer de traiter l'émotion racket car elle n'est pas la source de votre colère. Dans ce cas, c'est bien la tristesse qu'il faut traiter.
Si vous êtes triste pour cacher que vous êtes en colère, il est inutile d'essayer de gommer votre tristesse. Mieux vaut se concentrer sur la source de votre colère.

- **Émotion illusion** : vous pensez vivre une émotion et pourtant, il n'y en a pas trace dans votre maison des Méta-forts.

Exemple

Vous dites être enthousiaste à l'idée de réaliser vos objectifs mais les autres voient uniquement en vous la peur d'échouer.

- **Émotion liée** : vous avez conscience de la vivre et elle provoque une autre émotion, elle aussi, consciente.

Exemple

Vous êtes très fier d'avoir gagné et immédiatement la sérénité se lit sur votre visage.

Être émotionnellement lucide est une compétence clé pour vous adapter en toutes circonstances. Cela évite de réagir de manière impulsive. Au lieu de cela, vous pouvez choisir des stratégies adaptées pour utiliser positivement votre stress puisque vous en connaissez la source.

LA PERCEPTION DE NOS ÉMOTIONS

Les autres ne perçoivent pas nécessairement vos émotions comme vous les vivez intérieurement. Pour cette raison, vous êtes peut-être surpris du décalage entre vos ressentis et la perception qu'en a votre entourage.

Exemple

Vous êtes fier d'avoir gagné et vous le faites savoir. Les autres peuvent vous percevoir comme arrogant. Les bénéfices obtenus par votre émotion plaisante sont négatifs.
Vous êtes anxieux de prendre la parole devant tous vos collaborateurs lors d'une réunion importante. Les autres peuvent vous percevoir comme vigilant en travaillant à fond votre présentation afin de faciliter l'impact de votre message.

ATTENTION

Sans lucidité émotionnelle, vous pouvez éprouver des émotions fortes sans pouvoir les nommer ou en comprendre la source et l'utilité. Par exemple, vous êtes en colère mais ne savez pas précisément pourquoi. Dans ce cas, il y a de grandes chances pour que vous exprimiez vos émotions de manière inadaptée ou excessive sans prendre conscience des conséquences. Vous pouvez également chercher consciemment ou inconsciemment à les éviter par crainte ou par déni. Vous évoluez peut-être dans un milieu où les émotions sont minimisées, dévalorisées ou interdites. Tout ceci complique votre compréhension de la situation.

À vous de jouer

Vous êtes particulièrement reconnaissant à un collaborateur d'avoir réalisé ses objectifs et vous le félicitez publiquement en réunion. Pourtant, il semble peu réceptif à vos compliments. Quelle est la pièce dans laquelle vous êtes ? Quelle émotion y vivez-vous et quelle perception en a votre collaborateur ?

....

....

....

Solution page 239.

Partie

III Y'EN A MAR, OUVREZ LES PORTES

Vous venez de faire le tour du propriétaire et vous êtes prêt à vous déplacer dans votre maison des Méta-forts. Découvrez maintenant comment utiliser la méthode Selfie-coach.

Vous pouvez dès à présent imaginer l'aspect de votre maison des Méta-forts en la dessinant et en imaginant chaque pièce, sa taille et sa couleur. Remplir votre questionnaire Selfie-coach simplifie, accélère et sécurise la démarche. Il permet également de suivre dans la durée vos changements et leurs effets.

Évidemment, vous n'avez pas attendu le Selfie-coach pour vous déplacer. Vous le faites inconsciemment depuis votre enfance. Vos déplacements vous ont protégé ou, au contraire, vous ont mis dans des situations délicates quand ils étaient le fruit de réflexes inadaptés.

Le principe de la méthode est simple et basé sur le bon sens paysan. Si une pièce est déplaisante, c'est que la motivation que vous y vivez n'est soit pas profitable, soit inadaptée, soit mal utilisée. La bonne nouvelle est qu'il y a sept autres pièces qui vous attendent et qui vous permettent de faire la même tâche mais pas pour les mêmes raisons. En changeant de pièce, vous changez d'émotion, de valeur de l'instant, de comportement. Il ne vous reste plus qu'à évaluer les bénéfices de votre déplacement pour décider si vous restez ou vous changez à nouveau de pièce.

> *« La folie, c'est de faire toujours la même chose et de s'attendre à un résultat différent ! »*
> Albert Einstein, physicien théoricien (1879-1955)

Albert (nous sommes si proches en matière d'idées que je l'appelle par son prénom) est sans le savoir à la base de la méthode Selfie-coach. Si l'influence de votre état d'esprit sur la situation n'est pas profitable ou efficace, posez-vous la question : est-il adapté à la situation ?

Si ce n'est pas le cas, vous savez maintenant que vous pouvez vous déplacer dans votre maison des Méta-forts pour trouver la ou les pièces qui seront profitables, efficaces et adaptées à votre objectif.

À vous de jouer

Vous devez réorganiser l'agencement des bureaux pour accueillir de nouveaux collaborateurs. Dans chaque pièce, donnez une motivation qui vous poussera à le faire.

....

....

....

Solutions page 242.

Y'EN A MAR

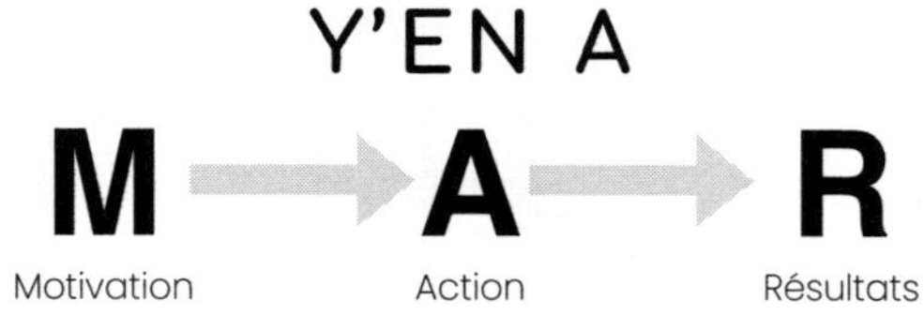

Motivation
Vos motivations vous poussent à agir ou à ne pas agir.

Action
Vos actions ou votre absence d'action ont des conséquences.

Résultats
Les conséquences sont positives ou négatives.

Cet acronyme résume parfaitement votre nouvelle approche. Si vous changez de motivation (M), c'est-à-dire de pièce, d'aile ou de hall, vous modifiez votre façon d'être et d'agir (A) et les résultats face à la situation sont forcément différents (R).

Vous vivez de nouvelles émotions et respectez de nouvelles valeurs de l'instant. Cela débouche sur de nouveaux comportements. Il ne reste qu'à en évaluer les effets pour décider des prochains déplacements.

OUVREZ LES PORTES !

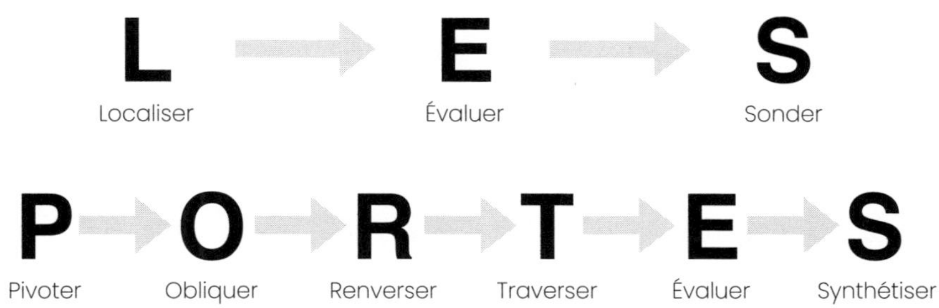

1. Localisez
En dessinant votre maison ou en répondant aux questions du Selfie-coach, vous vous localisez dans votre maison des Méta-forts. Cette étape est indispensable à la montée en lucidité même si elle est parfois dure à accepter. Quel est votre hall d'entrée ? Quelles sont les ailes et les pièces que vous visitez le plus ?

2. Évaluez
Où sont les endroits plaisants et déplaisants dans votre maison des Méta-forts ? Comment vous y déplacez-vous ? Quelle est l'épaisseur des murs ? Pour vous souvenir de ces trois critères pour vous évaluer rapidement, imaginez que vous ouvrez un PEA (Profitable, Efficace, Adapté) pour en tirer des bénéfices.

3. Sondez
Quel hall, quelle aile ou pièce serait le plus profitable, efficace ou adapté à la situation et à vos objectifs ?

4. Déplacez-vous (nous verrons ces éléments plus en détail dans le chapitre « Les déplacements dans la maison des Méta-forts »).

4.1. Pivotez
Faut-il rester dans la pièce où vous êtes et seulement pivoter sur vous-même pour changer de mur ? Vous corrigez alors le filtre (émotion ou valeur de l'instant) qui influence vos comportements et vous conservez votre recherche de besoin prioritaire.

4.2. Obliquez
Faut-il rester dans l'aile où vous êtes et seulement changer de pièce ? Vous changez alors obligatoirement de motivation, donc d'émotion et de valeur mais vous conservez votre recherche de besoin prioritaire.

4.3. Renversez
Faut-il rester dans le hall où vous êtes et seulement changer d'aile et de pièce ? Vous changez alors obligatoirement de motivation, donc d'émotion et de valeur. Vous effectuez un réglage en termes de temps ou d'orientation sur la recherche de votre besoin prioritaire.

4.4. Traversez
Faut-il changer de hall ? Vous changez alors obligatoirement votre recherche de besoin prioritaire, de motivation, d'émotion, de valeur.

5. Évaluez
Les pièces où vous vous trouvez maintenant sont-elles plaisantes ou déplaisantes ? Quelle est l'épaisseur des murs ? Les ailes et pièces que vous visitez le plus souvent sont-elles profitables, efficaces et adaptées (PEA) à la situation ? Faut-il au contraire à nouveau en changer ?

6. Synthétisez
Quel enseignement pouvez-vous en tirer pour vous en servir à nouveau dans une situation similaire ?

ATTENTION

Ayez toujours en tête que :

- Sans action, il ne peut pas y avoir de changement.
- Vous avez le droit de vous tromper d'action et ce n'est pas grave parce que vous en avez d'autres à votre disposition.
- Pour assurer les résultats, il est plus confortable d'utiliser la méthode de l'**ÉPÉ** (**É**tape **P**ar **É**tape) : un changement après l'autre.
- Vous devez toujours évaluer les bénéfices de vos changements pour vous construire une banque de données de souvenirs dans laquelle vous pourrez puiser.

DÉPLACEMENT RÉACTIF OU STRATÉGIQUE

La méthode Selfie-coach peut s'appliquer de façon réactive ou stratégique en fonction du temps à votre disposition et du contexte.

Exemple

Déplacement réactif : vous êtes en réunion avec un collègue avec qui vous n'êtes pas d'accord. Il décide de tout sans vous consulter. Vous sentez la colère monter en vous.
Vous utilisez la maison des Méta-forts de façon réactive, car vous devez agir en quelques secondes de la manière la plus profitable, efficace et adaptée.

Déplacement stratégique : vous réfléchissez à votre présentation des nouveaux objectifs qui seront présentés demain lors de la réunion annuelle des cadres. Vous souhaitez faire un discours qui rende les équipes à la fois sereines (pièce de l'utile) et combatives (pièces des trophées et/ou de l'ajustement).
Vous utilisez la maison des Méta-forts de façon stratégique car vous avez le temps de réfléchir à la façon d'agir de la manière la plus profitable, efficace et adaptée. Vous choisissez les motivations que vous souhaitez leur faire visiter pour en déduire les déplacements à effectuer et les moyens pour y arriver.

LOCALISEZ VOTRE POINT DE DÉPART

« Celui qui ne sait pas où il va
arrivera ailleurs. »
Pierre Dac (1893-1975)

LA LUCIDITÉ

La lucidité est la qualité indispensable pour identifier votre point de départ et pour développer votre intelligence situationnelle.

Le Selfie-coach est une approche qui l'utilise pour définir ce qui est vraiment important dans votre vie personnelle et professionnelle. Sans cette lucidité, vous risquez de vous fixer des objectifs qui ne répondent pas à vos réels besoins ou qui sont en décalage avec la situation vécue. Cela permet également d'anticiper les difficultés potentielles et de ne pas être trop optimiste ou irréaliste.

Connaître vos véritables motivations vous aide à vérifier si elles sont alignées avec vos valeurs et vos émotions. Vos objectifs doivent être souvent ajustés en fonction des circonstances. La lucidité facilite cette réévaluation en fournissant une vision claire de l'évolution des circonstances.

Sachant que votre lucidité est directement en lien avec votre regard sur la situation et votre capacité à l'analyser, peut-on estimer qu'elle est subjective, limitée et illusoire ? Très certainement, et c'est la raison pour laquelle la maison des Méta-forts vous ouvre les portes d'une autre façon d'aborder une situation. Si vous changez de pièce, vous changez de lucidité et donc d'approche.

ATTENTION

Identifier votre point de départ ou vous fixer des objectifs sans lucidité vous conduit à des attentes vagues ou imprécises. Cela complique la mesure du progrès et de l'accomplissement. Vous ne savez plus si vous avancez vers votre but.

À vous de jouer

Choisissez une situation et imaginez votre maison des Méta-forts. Comment est-elle agencée ? Comment est-elle décorée ? Quelles sont la taille et la couleur des pièces ?

....

....

....

ÉVALUEZ VOTRE MAISON DES MÉTA-FORTS

Vous avez votre maison des Méta-forts sous les yeux, comment la trouvez-vous ?

- Est-elle adaptée à la situation ou à vos objectifs ?
- Vous est-elle profitable ?
- Vous rend-elle efficace ?
- Est-elle plaisante ?

Si besoin et pour vous aider dans votre analyse, je vous propose un outil simple et graphique : le diagramme situationnel.

Placez vos pièces dans ce diagramme plaisir situationnel en prenant en compte deux critères :

- Le plaisir vécu dans chaque pièce, symbolisé par l'éclairage. La pièce est-elle plaisante ou non ?
- Le temps passé dans chaque pièce, symbolisé par la taille. Y passez-vous du temps ou non ?

Vous avez maintenant une vision plus claire du rapport plaisir et temps passé.

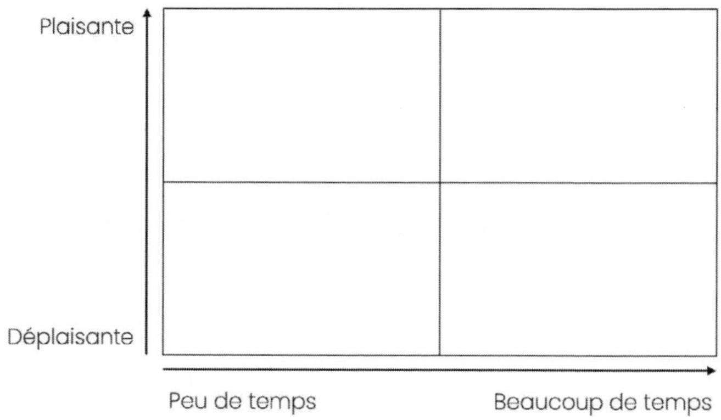

Diagramme plaisir situationnel

Placez maintenant vos pièces dans ce diagramme efficacité situationnelle en prenant en compte deux critères subjectifs :

- La profitabilité de chaque pièce. La pièce vous est-elle profitable dans l'atteinte de votre objectif ?
- L'alignement entre la pièce et la situation. La pièce est-elle adaptée ou non à la situation ?

Vous avez maintenant une vision plus claire du rapport profitabilité et alignement.

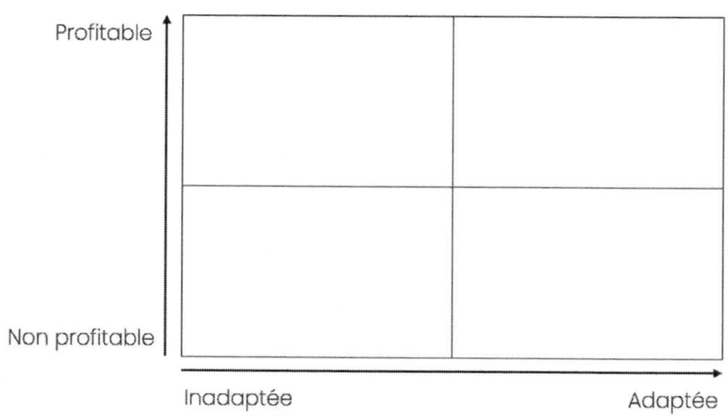

Diagramme efficacité situationnelle

LES COULOIRS DE LA MAISON DES MÉTA-FORTS

Une analyse complémentaire consiste à identifier les couloirs possiblement présents dans votre maison des Méta-forts.

Ils symbolisent des besoins respectés ou bafoués ainsi que vos limites atteintes ou dépassées. Ils vous indiquent des critères importants pour votre mieux-être et/ou votre performance. Lors de vos déplacements, ils modifient sensiblement votre état d'esprit.

Deux types de couloirs vous donnent ces indications.

LES COULOIRS VERTICAUX

Quand deux pièces verticales possèdent les mêmes caractéristiques, (taille, couleur, contenu, accès, etc.), elles forment un couloir qui donne une indication sur votre état d'esprit du moment.

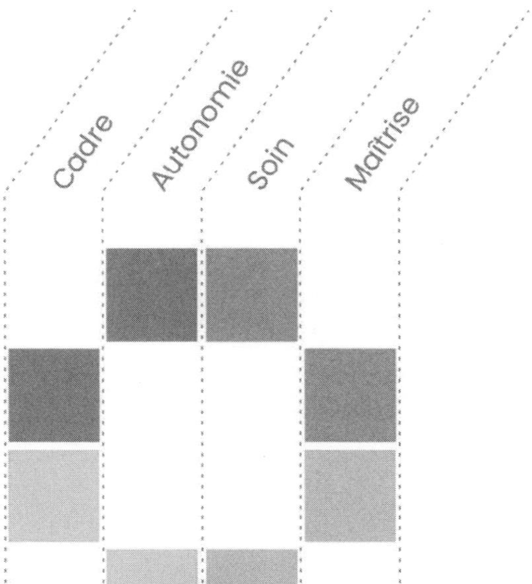

Cadre

Si les pièces de l'utile et de la passion ont des caractéristiques communes, le cadre est un sujet important pour vous. Vérifiez son existence ou sa cohérence.

Autonomie

Si les pièces de l'ajustement et des libertés ont des caractéristiques communes, l'autonomie est un sujet important pour vous. Vérifiez que vous avez le pouvoir de décider.

Soin

Si les pièces des miroirs et de l'écoute ont des caractéristiques communes, le soin est un sujet important pour vous. Vérifiez que vous prenez soin de vous et des autres. Vérifiez également que les autres prennent soin de vous.

Maîtrise

Si les pièces des trophées et du soutien ont des caractéristiques communes, la maîtrise est un sujet important pour vous. Vérifiez que vous êtes dans la maîtrise de ce qui est important dans l'instant.

LES COULOIRS HORIZONTAUX

Quand deux pièces verticales possèdent les mêmes caractéristiques (taille, couleur, contenu, accès, etc.), elles forment un couloir qui donne une indication sur votre état d'esprit du moment.

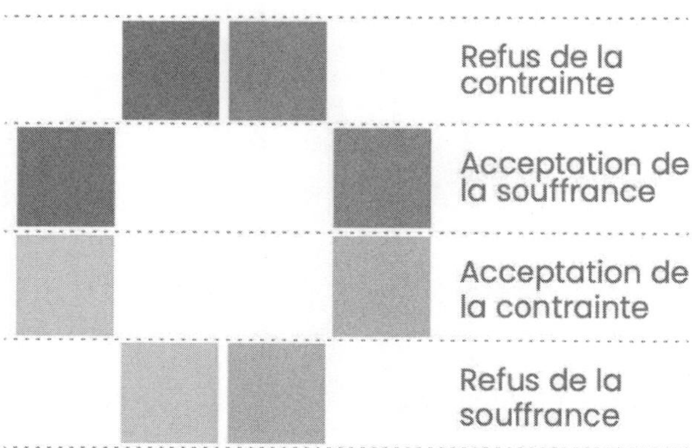

Refus de la contrainte

Si les pièces de l'ajustement et des miroirs ont des caractéristiques communes, le refus de la contrainte est un sujet important pour vous actuellement. Vérifiez votre capacité à gérer les contraintes et les conséquences qu'elles ont sur vous.

Acceptation de la souffrance

Si les pièces de l'utile et des trophées ont des caractéristiques communes, l'acceptation de la souffrance est un sujet important pour vous actuellement. Vérifiez que vous êtes d'accord pour vous dépasser ou que vous n'allez pas trop loin dans la souffrance.

Acceptation de la contrainte

Si les pièces de la passion et du soutien ont des caractéristiques communes, l'acceptation de la contrainte est un sujet important pour vous actuellement. Vérifiez que vous êtes d'accord pour accepter les frustrations ou que vous n'allez pas trop loin dans les règles que vous vous fixez.

Refus de la souffrance

Si les pièces des libertés et de l'écoute ont des caractéristiques communes, le refus de la souffrance est un sujet important pour vous actuellement. Vérifiez votre capacité à gérer la souffrance et les conséquences qu'elle a sur vous.

LES DÉPLACEMENTS DANS LA MAISON DES MÉTA-FORTS

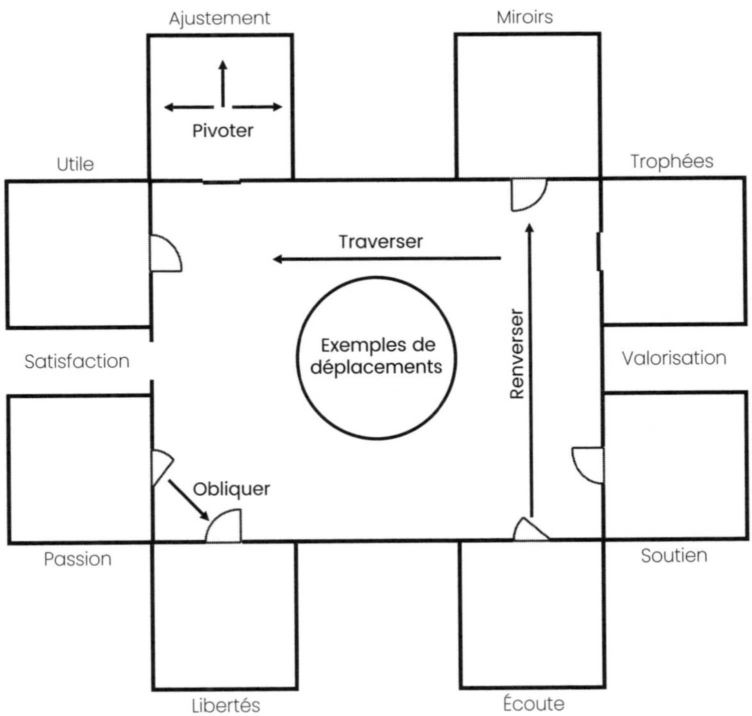

Quatre possibilités s'offrent à vous pour vous déplacer dans votre maison des Méta-forts. Ces déplacements vont changer votre approche de la situation et votre motivation motrice.

PIVOTER

- Vous restez dans la pièce où vous vous trouvez.
- Vous conservez le même couloir.
- Vous vous concentrez sur l'émotion, la valeur ou le comportement que vous visez et qui sont présents dans la pièce.
- Vous ne changez pas de besoin prioritaire.

Exemple

Vous êtes très anxieux (émotion de la pièce de l'utile) concernant le projet dont vous êtes en charge. Concentrez-vous sur votre efficacité (valeur de la pièce de l'utile). Votre objectif reste votre satisfaction à terme. Les sujets du cadre et de l'acceptation de la souffrance sont à vérifier. Comment être plus efficace ?

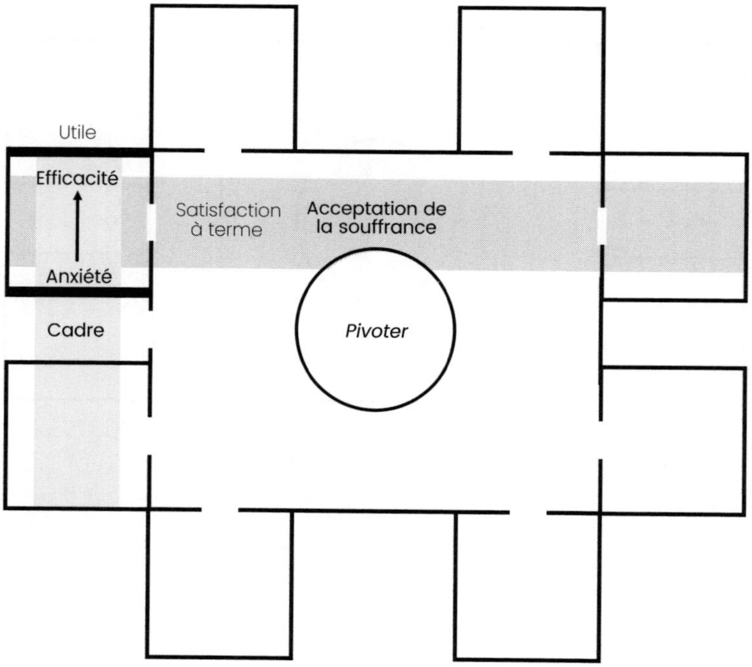

OBLIQUER

- Vous restez dans l'aile où vous vous trouvez mais vous changez de pièce.
- Vous changez automatiquement de couloir horizontal et vertical.
- Vous vous concentrez sur l'émotion, la valeur ou le comportement que vous visez, présents dans la nouvelle pièce.
- Vous ne changez pas votre recherche de besoin prioritaire.

Exemple

Vous êtes très anxieux (émotion de la pièce de l'utile) concernant le projet dont vous êtes en charge. Concentrez-vous sur votre adaptabilité (valeur de la pièce de l'ajustement). Votre objectif reste votre satisfaction à terme. Les sujets de l'autonomie et du refus de la contrainte sont à vérifier.
Que pouvez-vous ajuster ?

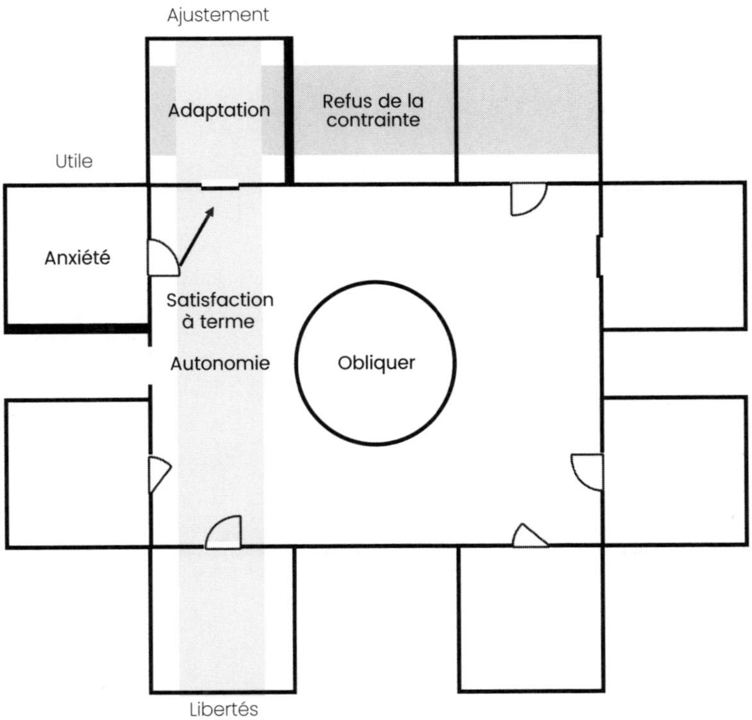

RENVERSER

- Vous changez d'aile et de pièce.
- Vous changez automatiquement de couloir horizontal et peut-être de couloir vertical.
- Vous vous concentrez sur l'émotion, la valeur ou le comportement que vous visez et qui sont présents dans la nouvelle pièce.
- Vous effectuez un réglage sur votre recherche de besoin prioritaire.

Exemple

Vous êtes très anxieux (émotion de la pièce de l'utile) concernant le projet dont vous êtes en charge. Concentrez-vous sur l'enthousiasme que vous avez concernant ce projet (émotion de la pièce des passions). Votre objectif reste votre satisfaction qui est maintenant devenue immédiate. Les sujets du cadre et de l'acceptation de la contrainte sont à vérifier. Comment pouvez-vous exprimer cet enthousiasme ?

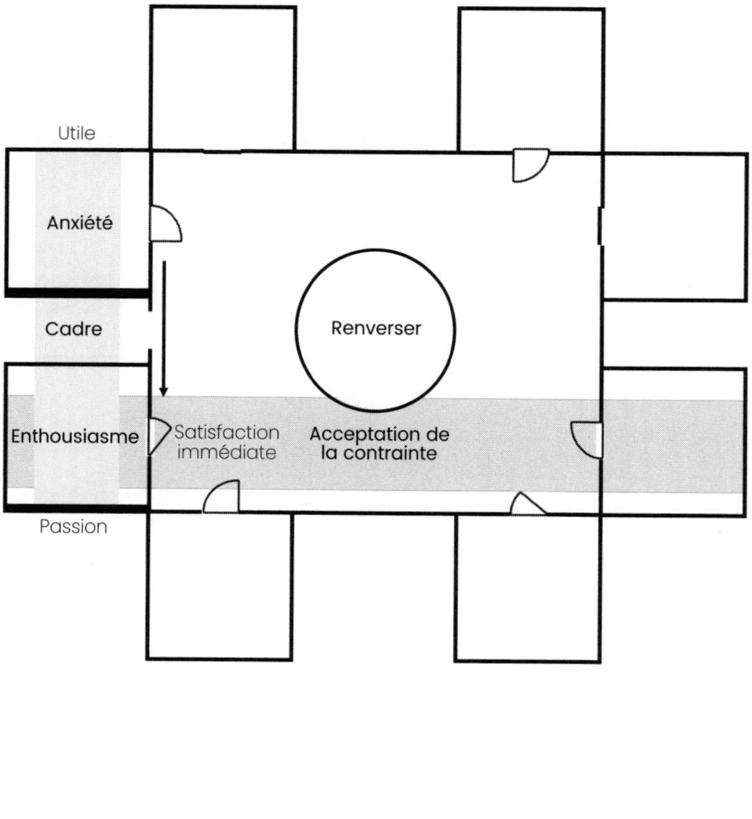

TRAVERSER

- Vous changez de hall, d'aile et de pièce.
- Vous changez de couloir vertical et peut-être de couloir horizontal.
- Vous vous concentrez sur l'émotion, la valeur ou le comportement que vous visez et qui sont présents dans la nouvelle pièce.
- Vous effectuez un changement de votre recherche de besoin prioritaire.

Exemple

Vous êtes très anxieux (émotion de la pièce de l'utile) concernant le projet dont vous êtes en charge. Concentrez-vous sur la fierté que vous avez de mener ce projet (émotion de la pièce des trophées). Votre objectif est maintenant d'être valorisé. Les sujets de la maîtrise et de l'acceptation de la souffrance sont à vérifier.
Comment pouvez-vous exprimer cette fierté ?

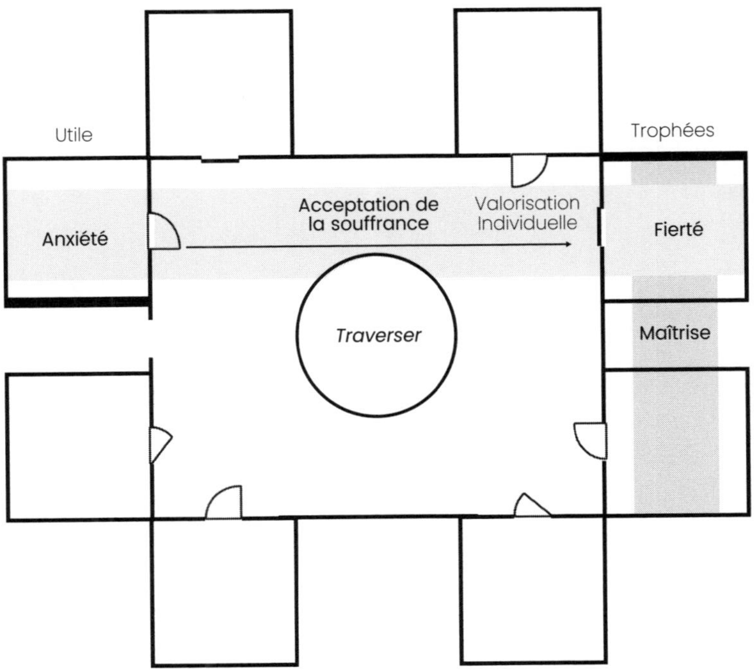

Tableau de synthèse des déplacements possibles

Pivoter	Je change de mur.			
Obliquer	Je change de pièce.	Je change de mur.		
Renverser	Je change d'aile.	Je change de pièce.	Je change de mur.	
Traverser	Je change de hall.	Je change de pièce.	Je change d'aile.	Je change de mur.

ATTENTION

Vous pouvez vous déplacer mentalement. Vous faites alors appel à votre capacité de visualisation. Fermez les yeux et imaginez-vous sortir d'une pièce pour entrer dans une autre.

À vous de jouer

Quel est le déplacement qui vous semble le plus facile à réaliser ?

....

....

....

Solutions page 240.

FIXEZ VOTRE OBJECTIF

« Tout objectif flou se traduit inévitablement
par une connerie précise. »
Frédéric Dard
écrivain (1921-2000)

Vous fixer des objectifs sans faire preuve de lucidité peut conduire à des attentes vagues. Cela complique l'identification et l'évaluation de vos changements.

Il est inutile de réinventer le fil à couper le beurre. Il existe une méthode simple et éprouvée qui permet de vous fixer efficacement vos objectifs et de mesurer vos progrès. Dans la maison des Méta-forts, l'objectif sera d'autant plus facile à visualiser qu'il s'exprime en hall, aile ou pièce.

LE SMART

Simple : l'objectif est clair et précis.
Mesurable : il est quantifié pour en faciliter le suivi.
Accepté : vous l'avez validé et il est aligné avec vos valeurs.

Réaliste : il tient compte du principe de réalité. Vous avez les ressources et le temps nécessaire pour le réaliser.
Timé : une date butoir de réalisation est décidée.

Exemple

Je dois passer plus de temps la semaine prochaine dans la pièce de l'utile et me concentrer sur mon besoin d'efficacité.

CAP ET ÉPÉ

Capable : définissez vos besoins pour vous déplacer.
Attentif : observez les conséquences de vos déplacements.
Précis : définissez clairement les étapes de vos changements.
Étape par Étape : découpez votre objectif de déplacement en sous-objectifs puis analysez et célébrez chaque résultat obtenu.

Préférez des objectifs de déplacement raisonnables et cadencés plutôt que d'énormes bouleversements qui pourraient générer de la frustration en cas d'échec.

Vous êtes **CAP**able de changer **É**tape **P**ar **É**tape.

ATTENTION

Pour valider en toute sécurité votre objectif de déplacement, je vous invite à vous poser systématiquement deux questions. Elles sont très précieuses et vous feront gagner du temps !

- Quel est le prix à payer pour vous déplacer ?
- Êtes-vous prêt à le payer ?

Vous identifiez les conséquences et votre capacité à les assumer. Si vous n'êtes pas prêt à en payer le prix, vous aurez beaucoup de difficulté à réaliser votre objectif. Dans ce cas, il est plus raisonnable de le revoir ou de le découper en étapes.

EXPÉRIMENTEZ

Il est impossible d'être certain du résultat d'un déplacement tant que l'on ne l'a pas expérimenté. Le fruit d'un changement de pièce dépend de variables multiples, internes ou externes, et du changement perpétuel du contexte. Certains effets peuvent être ignorés ou sous-estimés.

Mais expérimenter est la meilleure façon d'apprendre et de comprendre les conséquences en temps réel.

Grâce à la visualisation, vous pouvez expérimenter un déplacement sans vous mettre en danger. Fermez les yeux et imaginez-vous quitter une pièce pour entrer dans une autre. Que ressentez-vous ? Quelle valeur de l'instant défendez-vous ? Comment vous comportez-vous ? Quel bénéfice en tirez-vous ?

DÉPLACEZ-VOUS EN QUESTION

Pour faciliter les déplacements, rien de mieux qu'une question. En la posant, vous vous rendez automatiquement dans la pièce qui y est associée. Cette technique peut aussi être utilisée pour amener l'autre vers un hall, une aile, une pièce ou un mur que vous souhaitez lui faire expérimenter.

POUR SE RENDRE DANS LE HALL SATISFACTION

Émotions

Comment sortir de la tension inutile ?
Quelle action vous permettrait de vous détendre ?

Valeurs

Comment avoir la sensation de réaliser ?
Que devez-vous mettre en place pour réaliser ?

Comportements

Comment vous sentir satisfait de ce que vous faites ?
Quelle action provoquerait cette satisfaction ?

POUR SE RENDRE DANS L'AILE SATISFACTION À TERME

Émotions

Comment sortir de la colère ?
Comment retrouver la joie ?

Valeurs

Comment trouver du sens ?
Comment avancer ?

Comportements

Quelle action mettrait en avant vos compétences ?
Comment arrêter de vous user et d'user les autres ?

POUR SE RENDRE DANS LA PIÈCE DE L'AJUSTEMENT

Émotions

Comment faire preuve de sang-froid ?
Comment sortir de l'agacement ?
Comment paraître débrouillard plutôt qu'instable ?
Comment paraître combatif plutôt qu'agressif ?

Valeurs

Comment contourner les freins ?
Comment vous adapter à la situation en pensant solutions ?
Comment prendre de la hauteur et clarifier les limites ?

Comportements

Comment respecter les limites ?

Quelle action vous permettrait de faire le point ?
Comment vous entourer de compétences-clés ?
Comment vérifier les résultats de vos changements ?

POUR SE RENDRE DANS LA PIÈCE DE L'UTILE

Émotions

Comment trouver la sérénité ?
Comment sortir de l'anxiété ?
Comment paraître méthodique plutôt que rigide ?
Comment paraître attentif plutôt que paniqué ?

Valeurs

Comment gagner en efficacité ?
Comment gérer votre temps ?
Comment clarifier vos objectifs ?
Comment définir le cadre ?

Comportements

Comment sortir du surcontrôle ?
Quelle action vous permettrait de vous organiser ?
Quelle action vous permettrait de planifier ?
Quelle action vous permettrait de déléguer ?

POUR SE RENDRE DANS L'AILE SATISFACTION IMMÉDIATE

Émotions

Comment sortir du dégoût ?
Comment retrouver la joie ?

Valeurs

Comment éviter de saturer ?

Comment trouver du plaisir ?

Comportements

Quelle action mettrait en avant vos compétences ?

Comment éviter de vous isoler ou d'être isolé ?

POUR SE RENDRE DANS LA PIÈCE DE LA PASSION

Émotions

Comment vivre l'enthousiasme ?

Comment sortir de la lassitude ?

Comment paraître concerné plutôt qu'obsessionnel ?

Comment paraître impliqué plutôt que passif ?

Valeurs

Comment conserver la passion ?

Comment nourrir votre besoin de calme ?

Comment approfondir vos réflexions ?

Comment vous laisser guider par l'envie ?

Comportements

Comment éviter de décrocher ?

Quelle action vous permettrait de vous recentrer ?

Quelle action vous permettrait de vous impliquer ?

Quelle action vous permettrait de partager ?

POUR SE RENDRE DANS LA PIÈCE DES LIBERTÉS

Émotions

Comment pourriez-vous créer l'ambiance ?
Comment être innovant ?
Comment sortir de la morosité ?
Comment paraître stimulant plutôt qu'immature ?
Comment éveiller plutôt que critiquer ?

Valeurs

Comment affirmer votre différence en pensant à contre-courant ?
Comment vous sentir libre d'innover ?
Comment dédramatiser les freins ?

Comportements

Quelle action vous permettrait de vous dynamiser ?
Comment sortir du découragement ?
Quelle action vous permettrait de vous remettre en question ?
Comment animer la situation ?

POUR SE RENDRE DANS LE HALL VALORISATION

Émotions

Comment vous sentir gagnant ?
Qu'est-ce qui vous rendrait gagnant ?

Valeurs

Comment avoir la sensation de vous réaliser ?
Que devez-vous mettre en place pour vous réaliser ?

Comportements

Comment vous sentir valorisé pour qui vous êtes ?
Quelle action vous permettrait de vous sentir valorisé pour qui vous êtes ?

POUR SE RENDRE DANS L'AILE VALORISATION INDIVIDUELLE

Émotions

Comment sortir de la peur ?
Comment retrouver la joie ?

Valeurs

Comment vous sentir gagnant ?
Comment vous sentir fort ?

Comportements

Comment vous sentir admiré ?
Comment sortir du paraître ?

POUR SE RENDRE DANS LA PIÈCE DES MIROIRS

Émotions

Comment sortir de la rancœur ?
Comment ressentir de la gratitude ?
Comment paraître reconnaissant plutôt qu'hypocrite ?
Comment paraître ancré plutôt qu'aigri ?

Valeurs

Comment vous sentir considéré ?
Comment prendre en compte les retours ?

Comment reconnaître vos succès ?
Comment identifier vos qualités ?
Comment renvoyer l'ascenseur ?

Comportements

Comment sortir de la manipulation ?
Quelle action vous permettrait de charmer ?
Quelle action vous permettrait de réseauter ?
Quelle action vous permettrait de remercier ?

POUR SE RENDRE DANS LA PIÈCE DES TROPHÉES

Émotions

Comment pouvez-vous être fier ?
Comment sortir de la vexation ?
Comment paraître audacieux plutôt qu'arrogant ?
Comment paraître courageux plutôt qu'affaibli ?

Valeurs

Comment être fort ?
Comment affirmer votre puissance ?
Comment vous challenger ?
Comment sortir de votre zone de confort ?
Comment identifier vos victoires ?

Comportements

Comment maîtriser le danger ?
Quelle action vous permettrait d'explorer de nouveaux horizons ?
Quelle action vous permettrait d'agir en premier ?
Quelle action vous permettrait de célébrer vos victoires ?

POUR SE RENDRE DANS L'AILE VALORISATION COLLECTIVE

Émotions

Comment sortir de la tristesse ?
Comment retrouver la joie ?

Valeurs

Comment nous sentir gagnant ?
Comment nous sentir fort ?

Comportements

Comment vous sentir respecté ?
Quelle action vous permettrait de laisser les autres exister ?

POUR SE RENDRE DANS LA PIÈCE DU SOUTIEN

Émotions

Comment être dévoué ?
Comment sortir de l'indignité ?
Comment paraître comme un guide plutôt qu'un moralisateur ?
Comment paraître honorable plutôt que démissionnaire ?

Valeurs

Comment sortir de l'impression d'avoir été trahi ?
Comment prendre le pouvoir ?
Comment définir les règles ?
Comment vous inscrire dans la durée ?
Comment inspirer confiance ?

Comportements

Comment sortir du jugement ?
Quelle action vous permettrait de guider les autres vers la réussite ?
Quelle action vous permettrait de protéger les autres ?
Quelle action vous permettrait de faire preuve d'exemplarité ?

POUR SE RENDRE DANS LA PIÈCE DE L'ÉCOUTE

Émotions

Comment pourriez-vous être bienveillant ?
Comment sortir de la culpabilité ?
Comment paraître attentionné plutôt qu'envahissant ?
Comment paraître vrai plutôt que fragile ?

Valeurs

Comment dire non ?
Comment faire preuve de bienveillance ?
Comment prendre soin de vous et des autres ?
Comment savoir bien vous entourer ?
Comment éviter le jugement ?

Comportements

Comment éviter de vous oublier ?
Quelle action vous permettrait de prendre soin de vous et des autres ?
Quelle action vous permettrait d'être dans l'écoute ?
Quelle action vous permettrait de favoriser l'harmonie ?

ÉVALUEZ LES CHANGEMENTS

Pour évaluer les changements après un déplacement, il vous suffit de dessiner à nouveau votre maison des Méta-forts ou de répondre aux questions du Selfie-coach.

Connaissez-vous le jeu des sept erreurs ? Quelles sont les différences entre vos maisons des Méta-forts avant et après déplacement ? Voici une liste de vérifications qui vous aidera dans votre démarche.

- Comment se porte votre arbre ?
- Quel est l'aspect du ciel ?
- Quel climat fait-il à l'intérieur ?
- Votre hall d'entrée a-t-il changé ?
- Comment ont évolué vos pièces en taille et en couleur ?
- Quelles portes se sont ouvertes ou fermées ?
- Quelles sont vos pièces préférées ?
- Où rechargez-vous en énergie ?
- Comment exprimez-vous votre stress ?
- Où en est votre mobilité ?

Vous pouvez également réaliser les diagrammes plaisir et efficacité situationnelle vus page 198.

FAITES SAUTER LES CADENAS

Certaines pensées peuvent être un frein à vos déplacements. Au lieu de les ignorer, je vous propose de les lister pour vous en débarrasser.

- Si un cadenas est lié à vos peurs, pouvez-vous en identifier la source ?
- Avez-vous peur du déplacement ou avez-vous peur de la pièce dans laquelle vous devez vous rendre ? D'où vient cette peur ?

Tracez un compte en T et placez à gauche les bénéfices positifs, à droite les bénéfices négatifs que ce déplacement vous procurerait.

Bénéfices positifs	Bénéfices négatifs

Que donne ce tableau ? Si les bénéfices positifs sont nettement supérieurs aux bénéfices négatifs, qu'attendez-vous pour vous déplacer ?

En revanche, si les bénéfices négatifs sont égaux ou supérieurs aux bénéfices positifs, souhaitez-vous réellement vous déplacer ? Quelles sont vos croyances limitantes ?

Il reste à faire sauter des cadenas qui sont liés à vos réflexes et à vos expériences.

- *Le déplacement risque d'être douloureux.* De quelle douleur parlez-vous ? Quelle douleur préférez-vous ? Celle qui consiste à subir le choix des autres ou celle qui consiste à assumer vos choix ?
- *Vous n'avez pas le temps.* Changer de pièce est immédiat. Il s'agit de modifier votre motivation et non de changer votre personnalité.
- *Ce n'est pas le bon moment pour se déplacer.* Quel serait le bon moment ? Y a-t-il un bon moment ?
- *Le déplacement risque d'étonner.* Qui voulez-vous étonner en priorité ? Vous vous étonnerez vous-même quand vous vous déplacerez. Quant aux autres, ils sont responsables de leur propre étonnement. Vous ne maîtrisez pas leurs réactions face à vos déplacements.

Vous poser ces questions vous aidera à faire sauter vos cadenas et vous permettra d'ouvrir des portes.

REMISE DES CLEFS

Vous êtes officiellement propriétaire. Bravo ! Mais la visite est loin d'être terminée, elle ne fait que commencer ! Installez-vous confortablement au centre de votre maison des Méta-forts et observez. Prenez en compte :

- votre réalité ;
- votre niveau d'énergie : comment se porte votre arbre ?
- la pression du temps : quel est votre enjeu ?
- vos envies : quelles sont vos motivations ?
- votre niveau de patience : plus on échoue, plus on apprend ;
- votre stratégie : où voulez-vous aller ?
- votre tactique : localiser, évaluer, sonder, agir, localiser, évaluer, sonder, agir…

LES PRINCIPES LIÉS AU CHANGEMENT DE PIÈCE

L'action est la base de vos changements de pièce. Si vous ne pensez pas agir, préparez-vous à agir pour panser.

La répétition et la compréhension améliorent l'efficacité de vos changements. Changer de motivation, donc d'émotion et de valeur, influence vos actions. Agir est une conséquence.

Rien n'est jamais définitivement acquis. Il vous faudra sans cesse changer de pièce. Le changement, c'est la réalité de la vie. Les petits changements réguliers sont plus efficaces que les rares et gros bouleversements. Un réglage est toujours plus facile qu'un changement de moteur.

Si vous savez changer de pièce une fois, vous saurez le faire à chaque fois. C'est comme le vélo, cela ne s'oublie pas. Savoir changer consciemment de pièce demande de l'entraînement. Sans expérimentation, pas de lucidité.

Le dernier conseil que je vous donnerai est de toujours célébrer la réussite de vos déplacements. Vous les stockerez ainsi en mémoire pour vous y référer et faciliter les prochains. Pour ce faire, visitez souvent la pièce des trophées et prenez du plaisir dans la pièce des libertés.

Bienvenue chez vous !

PS : Savez-vous me dire après avoir lu ce livre, quelles sont les pièces que je visite le plus. Curieux de lire votre réponse, envoyez-la à cette adresse : livreSelfie-coach@motivespour.fr.

EXEMPLE DE COACHING EN UTILISANT L'APPROCHE SELFIE-COACH

Dans une entreprise de technologie en plein essor, Hugo, 42 ans, manager commercial, est en difficulté. Habituellement plein d'enthousiasme, il a rapidement gravi les échelons grâce à son sens de l'innovation et à sa capacité à fédérer son équipe. Mais ces derniers mois, la situation a changé.

Les ventes d'un nouveau produit, censé être le fer de lance de l'entreprise, peinent à progresser. Les tensions s'accumulent et les incompréhensions au sein de l'équipe deviennent fréquentes. Hugo se sent dépassé. Ses méthodes, jadis plébiscitées, sont désormais remises en question et la pression de la direction devient de plus en plus forte. Une vague d'anxiété le submerge et sa confiance en lui s'effrite. Ces nuits sont difficiles. Il est en plein questionnement. Est-il vraiment fait pour ce rôle ? Pourquoi ne parvient-il plus à motiver son équipe comme avant ? Ses décisions sont-elles les bonnes ?

Ses collègues ont beau lui dire que ça va s'arranger et que ce n'est pas la fin du monde, rien ne peut le sortir de sa spirale négative. Hugo se retrouve de plus en plus isolé dans son bureau. Il redoute les appels de son supérieur, craignant le moment où il faudra rendre des comptes. Il est fatigué, marqué par l'incertitude et son stress contamine son équipe.

Une discussion violente avec sa femme qui ne supporte plus son attitude absente lors d'un week-end censé le détendre marque le début d'une prise de conscience. Hugo comprend que son état d'esprit amplifie le malaise et que, s'il ne reprend pas le contrôle de la situation, il risque de perdre bien plus que son poste. Il décide de faire appel à vous pour le coacher. En l'écoutant, vous identifiez qu'il est très émotionnel et que l'enthousiasme et la créativité (émotions plaisantes de la pièce de la passion et des libertés) ont laissé place à l'anxiété et l'indignité (émotions déplaisantes de la pièce de l'utile et du soutien).

ÉTAPE 1 : LOCALISER

En utilisant son Selfie-coach, vous l'invitez à se localiser dans sa maison des Méta-forts afin de le faire monter en lucidité.

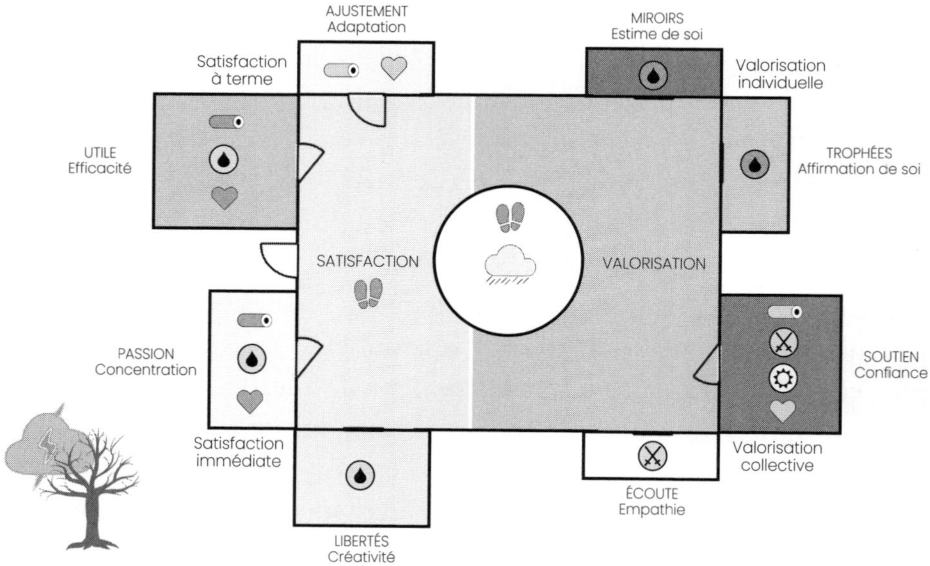

Hugo voit la vision de la situation de façon très sombre (nuage avec éclair au-dessus de l'arbre). Mais le nuage et la pluie présents sur la table d'orientation, au centre de sa maison des Méta-forts, lui indique que son pessimisme n'est peut-être pas en phase avec la réalité. Hugo confirme son manque d'énergie symbolisé par l'arbre sans feuille. Il passe beaucoup de temps dans la pièce de l'utile, des libertés et du soutien. Son hall d'entrée est la satisfaction de ce qu'il fait. C'est sa recherche prioritaire dans cette situation.

ÉTAPE 2 : ÉVALUER

En observant son plan, Hugo prend conscience que les pièces des miroirs, du soutien et de l'utile sont fortement déplaisantes (éclairage dans ces pièces). Il confirme qu'il ne se sent pas efficace (éclairage de la pièce de l'utile), et qu'il perd confiance en lui (éclairage du soutien) ce qui l'empêche de s'affirmer en tant que manager (éclairage de la pièce des trophées). L'image qu'il renvoie actuellement ne lui plaît pas (éclairage de la pièce des miroirs). Il est en revanche à l'écoute de ce qui pourrait l'aider à refaire surface et entraîner son équipe vers la réussite (éclairage des pièces de l'ajustement et de l'écoute). Il comprend qu'il exprime actuellement son stress en se lamentant ou en se dévalorisant fortement (présence des pictos stress, plainte et affrontement). Il est conscient que la pièce de la passion est celle qui l'empêche de sombrer totalement (éclairage de la pièce de la passion).

ÉTAPE 3 : SONDER

Vous lui demandez alors d'identifier la ou les pièces qui pourraient le rendre performant, efficace et adapté dans cette situation (PEA). Sans hésitation, il vous désigne la pièce de l'ajustement et celle des libertés. Elles sont toutes deux dans le hall Satisfaction ce qui indique qu'Hugo veut en priorité être heureux de ce qu'il réalise et que la valorisation ne sera qu'une conséquence pour lui. Il confirme donc son hall d'entrée (porte d'entrée de sa maison côté hall Satisfaction). Sa pièce de l'ajustement est grande ouverte alors que celle des libertés est fermée. Il peut donc facilement effectuer des réglages sur sa stratégie de vente actuelle, mais sera moins à l'aise pour la changer totalement. Vous lui posez les questions liées aux pièces de l'ajustement et des libertés afin qu'il puisse y pénétrer et y vivre les émotions et les valeurs de l'instant associées à ces pièces :

Pour le mur des émotions :

- Comment faire preuve de sang-froid ?
- Comment faire preuve de combativité en vous mettant en colère face à cette situation ?

- Comment être innovant ?
- Comment sortir de la morosité ?
- Comment paraître stimulant ?

Pour le mur des valeurs :
- Comment contourner les freins ?
- Comment vous adapter à la situation en pensant solutions ?
- Comment vous sentir libre d'innover ?
- Comment dédramatiser les freins ?

Pour le mur des comportements :
- Quelle action vous permettrait de faire le point ?
- Comment vous entourer de compétences-clés ?
- Comment vérifier les résultats de vos changements ?
- Quelle action vous permettrait de vous dynamiser ?
- Comment sortir du découragement ?
- Quelle action vous permettrait de vous remettre en question ?

Vous constatez qu'il réagit bien à vos questions et qu'il a en tête des solutions possibles. Il s'interdisait jusqu'à présent de les mettre en œuvre, ne voulant pas changer son plan d'action (pièce de l'utile et respect du cadre).

Vous terminez la séance de coaching en lui demandant ce qu'il vivrait si ces changements le mettaient à nouveau dans une position de réussite et remettaient en place la confiance partagée avec son équipe. Il vous répond qu'il serait fier (pièce des trophées) et digne de la confiance qu'on lui fait (pièce du soutien). L'idée de passer à l'action pour aller vers son objectif lui plaît et le motive à nouveau (aile de la satisfaction à terme).

Après l'expérimentation de ce nouvel état d'esprit, vous évaluerez lors du prochain coaching les bénéfices obtenus en débriefant son nouveau Selfie-coach.

SOLUTIONS DES JEUX

Rappel de la visite (page 144)

- *Vous devez remplir votre rapport d'activité.*

Vous êtes dans la pièce de l'utile si vous réalisez quelque chose d'important et obligatoire.

- *Vous êtes au téléphone avec un collaborateur qui a besoin de se confier.*

Vous êtes dans la pièce du soutien si vous accompagnez votre collaborateur. Vous pouvez aussi être dans l'écoute si vous prenez soin de lui.

- *Vous ne vous êtes pas rendu compte que vous veniez de passer trois heures sur ce sujet.*

Vous êtes dans la pièce de la passion où le temps n'a aucune prise sur vous car vous vivez l'instant présent.

- *Vous demandez à un collègue ce qu'il pense de votre posture en réunion.*

Vous êtes dans la pièce des miroirs si vous êtes soucieux de votre image.

- *Vous trouvez un moyen pour contourner un bug informatique qui vous empêche d'avancer.*

Si vous cherchez à vous adapter face à un imprévu, vous êtes dans la pièce de l'ajustement. À moins que vous ne fassiez preuve de créativité, dans ce cas, vous êtes dans la pièce des libertés.

- *Vous devez trouver le thème de la prochaine convention d'entreprise.*

Si vous créez quelque chose d'original, vous êtes dans la pièce des libertés.

- *Vous devez réagir car votre collègue a de meilleurs résultats.*

  Vous vous sentez vexé d'avoir des résultats moins bons que votre collègue, vous êtes donc dans la pièce des trophées.

- *Vous devez redonner confiance à votre équipe qui est en plein doute.*

  La confiance est la qualité développée dans la pièce du soutien.

Analyse situationnelle (page 146)

Avant d'arriver au meeting :

François n'est pas motivé par la réunion des partenaires.

Il ressent des émotions

Agacement : pièce de l'ajustement, émotion déplaisante.

Il n'a pas la possibilité de faire autrement.

Morosité : pièce des libertés, émotion déplaisante.

Il traîne des pieds, l'ambiance n'est pas au rendez-vous.

Il vit à travers ses valeurs

Blocage : pièce de l'ajustement, valeur bafouée.

Il vit la contrainte.

Censure : pièce des libertés, valeur bafouée.

Il ne peut pas exprimer son manque de motivation.

Il l'exprime par

Franchissement des limites : pièce de l'ajustement, comportement négatif.

Il est désagréable et le fait subir à Béatrice.

Découragement : pièce des libertés, comportement négatif.

Il est démotivant et c'est contagieux !

Localisation

Les pièces observables sont dans le hall Satisfaction et François oscille entre l'aile de la satisfaction à terme (ajustement) et celle de la satisfaction immédiate (libertés).

Nous verrons plus tard que ces deux pièces correspondent au couloir « autonomie ».

Béatrice est motivée par la réunion des partenaires.

Elle ressent des émotions

Gratitude : pièce des miroirs, émotion plaisante.

C'est une occasion de charmer ses partenaires

Bienveillance : pièce de l'écoute, émotion plaisante.

Elle souhaite les connaître humainement.

Elle vit à travers ses valeurs

Considérée : pièce des miroirs, valeur respectée.

Elle pense à son image.

Humaine : pièce de l'écoute, valeur respectée.

Elle favorise l'harmonie.

Elle l'exprime par

Le charme : pièce des miroirs, comportement positif.

Elle est agréable pour forger des relations génératrices de business.

Sa capacité à prendre soin : pièce de l'écoute, comportement positif.

Elle veut faire en sorte que ses partenaires se sentent bien avec elle.

Localisation

Les pièces observables sont dans le hall Valorisation et Béatrice oscille entre l'aile de la Valorisation individuelle (miroirs) et celle de la Valorisation collective (écoute).

Nous verrons plus tard que ces deux pièces correspondent au couloir « prise de soin ».

Après l'arrivée au meeting

François qui n'était pas motivé par la réunion des partenaires a rencontré un vieil ami qu'il n'a pas vu depuis longtemps.

Il ressent des émotions

Créativité d'ambiance : pièce de l'ajustement, émotion plaisante.

Il crée une ambiance ludique. Il rigole avec son ami en repensant à ces années lycée.

Enthousiasme : pièce de la passion, émotion plaisante.

Il parle avec passion de ces années lycée.

Il vit à travers ses valeurs

Différence : pièce des libertés, valeur respectée.

Il vit autre chose que ceux qui l'entourent.

Envie : pièce de la passion, valeur respectée.

Il savoure cette conversation sans en perdre une miette.

Il l'exprime par

Sa capacité à dynamiser l'échange : pièce des libertés, comportement positif.

Il relance la conversation avec plaisir.

Sa capacité à se focaliser sur l'échange : pièce de la passion, comportement positif.

Il ne décroche pas une seconde. Il est focus.

Localisation

Les pièces observables sont dans le hall Satisfaction et Béatrice ne quitte plus l'aile de la Satisfaction immédiate (libertés et passion). Il est dans le plaisir de l'instant et plus rien ne compte.

Béatrice qui était motivée par la réunion des partenaires est maintenant fatiguée et cherche à rentrer mais elle dépend de la voiture de François qui ne paraît pas pressé de quitter la soirée.

Elle ressent des émotions

Agacement : pièce de l'ajustement, émotion déplaisante.

Elle n'a pas la possibilité de partir.

Rancœur : pièce des miroirs, émotion déplaisante.

Elle en veut à François de ne pas prendre soin d'elle.

Elle vit à travers ses valeurs

Bloqué : pièce de l'ajustement, valeur bafouée.

Elle vit la contrainte que François lui impose.

Transparence : pièce des miroirs, valeur bafouée.

François ne prend pas en considération son envie de rentrer.

Elle l'exprime par

Franchissement des limites : pièce de l'ajustement, comportement négatif.

Elle est agacée par François.

Manipulation : pièce des miroirs, comportement négatif.

Son silence est accusateur. Elle n'exprime pas clairement les raisons de son malaise.

Localisation

Les pièces observables sont dans le hall Satisfaction et François oscille entre l'aile de la Satisfaction à terme (ajustement) et celle de la Satisfaction immédiate (libertés).

Nous verrons plus tard que ces deux pièces correspondent au couloir « autonomie ».

L'éclairage des halls et des pièces (page 150)

- *Vous en voulez à votre collègue, car il raconte à tout le monde que vous faites n'importe quoi !*

Pièce des miroirs sombre car vous éprouvez de la rancœur envers votre collègue qui donne une mauvaise image de vous.

- *Vous adorez votre job !*

Pièce de la passion éclairée : vous êtes enthousiaste.

- *Vous avez l'impression que tout le monde vous aime dans le service.*

Pièce de l'écoute éclairée : les autres prennent soin de vous.

- *Votre direction ne vous a pas laissé mettre en place un nouveau processus pour désengorger les livraisons. Ça vous énerve de voir ça !*

Pièce de l'ajustement sombre : les autres vous ont bloqué.

La taille des halls et des pièces (page 155)

Léa

Même si votre plan ne correspond pas exactement à celui que je vous décris ci-dessous, votre réponse est considérée comme exacte si elle contient les points suivants :

- L'entrée se situe par le hall Satisfaction. C'est son besoin prioritaire : être satisfaite de ce qu'elle réalise immédiatement.
- Elle passe du temps dans les pièces ajustement (sa faculté à s'adapter), liberté (sa capacité à créer l'ambiance) et passion (son envie dans son travail), mais il est déplaisant en ce moment.
- Elle passe peu de temps dans la pièce de l'utile (sa faculté à réaliser les tâches obligatoires) qui est très déplaisante.
- Elle passe peu de temps dans les pièces miroirs (l'importance de son image) et trophées (les félicitations qu'elle pourrait obtenir) qui sont neutres et plaisantes.
- Elle passe du temps dans la pièce du soutien qui est plaisante (sa capacité à contribuer à faire gagner l'équipe) et de l'écoute (son envie de prendre soin) qui est très plaisante.

Edgar

Le hall d'entrée d'Edgar est celui de la Satisfaction à terme comme le prouve sa recherche de reconnaissance de ce qu'il réalise. Il utilise son aile Valorisation collective (écoute) au service de sa satisfaction.

Les portes des pièces (page 159)

- *Vous faites beaucoup d'effort pour vérifier chaque commande afin de faciliter le travail des livreurs*

  La porte de la pièce du soutien est fermée.

- *Vous allez au bureau heureux car c'est la clôture d'un projet qui a été achevé dans les temps.*

  La porte de la pièce de l'utile est ouverte.

- *Vous qui êtes plutôt un support client, cette fois-ci, vous travaillez pour gagner un contrat.*

  La porte de la pièce des trophées est entrouverte.

Les murs des pièces (page 163)

- *Vous êtes débordant d'idées innovantes mais vous n'en parlez à personne de peur d'affoler vos collaborateurs.*

  Mur des émotions activé dans la pièce des libertés.

- *Vous ne vous posez aucune question. Vous faites ce que vous avez à faire pour être le meilleur.*

  Mur des comportements activé dans la pièce des trophées.

- *Vous sécurisez votre équipe en organisant avec sérénité l'avancée du projet.*

  Mur des émotions, du mental et des comportements activés dans la pièce de l'utile.

Les pièces préférées (page 171)

- *Vous attendez la confiance totale de votre équipe et vous ne l'obtenez pas. Vous êtes totalement miné !*

  Il y a un cœur dans la pièce du soutien vécue de façon très déplaisante.

- *Vous avez besoin de calme pour vous concentrer pleinement et votre bureau vous permet de le trouver.*

  Il y a un cœur dans la pièce de la passion vécue de façon plaisante.

- *Vous êtes venu à cette soirée d'entreprise en espérant vous détendre et passer un agréable moment comme vous les aimez. Mais les autres ne parlent que de boulot.*

  Il y a un cœur dans la pièce des libertés vécue de façon très déplaisante.

- *Vous venez de recevoir les félicitations de votre patron. Depuis le temps que vous les attendiez. Vous en auriez sauté de joie !*

  Il y a un cœur dans la pièce des miroirs vécue de façon très plaisante.

L'expression du stress (page 176)

- *« Je me suis pris une réflexion du grand patron à cause de ton retard. Sois gentil, la prochaine fois, fais un effort et rends-moi ton travail dans les temps parce que ça a été très violent pour moi. »*

  Expression du stress par la plainte.

- *« C'est la dernière fois que tu me rends ton travail en retard. Je suis clair ? »*

  Expression du stress par l'affrontement

- *« Si tu m'avais prévenu avant de ton retard, je ne l'aurais pas découvert pendant la réunion en consultant mes mails ! »*

  Expression du stress par le reproche.

Les recharges d'énergie (page 179)

- *Quand vous terminez une tâche, vous êtes serein, et en même temps, cela ne vous apporte pas grand-chose.*

  Pas de pile dans la pièce de l'utile.

- *À chaque fois que vous passez du temps avec votre patron en réfléchissant avec lui à de nouvelles stratégies, vous ne savez pas pourquoi, mais vous en sortez totalement reboosté.*

  Une pile « bien-être » dans la salle des libertés.

- *Vous avez terminé meilleur vendeur de l'équipe. C'était le challenge que vous vous étiez fixé. Vous auriez été très déçu de ne pas être au rendez-vous. Vous êtes prêt à remettre ça l'année prochaine.*

  Une pile « bien-faire » dans la salle des trophées.

La mobilité consciente (page 182)

- *En observant le plan ci-dessus, identifiez votre capacité à être mobile.*

Les pas présents dans votre hall Satisfaction vous indiquent que vous pouvez facilement vous déplacer entre les pièces et plus particulièrement entre celles de l'utile, de la passion et des libertés, la pièce de l'ajustement étant fermée.

Les pas présents sur la table d'orientation vous indiquent que vous êtes en capacité de vous déplacer facilement entre le hall Satisfaction et le hall Valorisation. Vous pouvez donc facilement changer votre recherche de besoin prioritaire.

La mobilité inconsciente (page 184)

- *Sur le plan de la maison des Méta-forts ci-dessus, quelles sont les pièces en lien avec la pièce de l'ajustement ? Ensuite, observez toutes les pièces et identifiez quelles sont les pièces centrales.*

La pièce de l'ajustement est en relation avec :

- la pièce de l'utile (liaison forte),
- la pièce de la passion (liaison faible),
- la pièce des miroirs (liaison forte),
- la pièce des trophées (liaison forte),
- la pièce du soutien (liaison faible),
- la pièce de l'écoute (liaison faible).

Les pièces centrales sont ajustement, libertés, écoute. Ces pièces influencent fortement les autres. Ce sont elles qui vous permettront de rentrer dans des pièces fermées.

Les émotions (page 188)

- *Vous êtes particulièrement reconnaissant à un collaborateur d'avoir réalisé ses objectifs et vous le félicitez publiquement en réunion. Pourtant, il semble peu réceptif à vos compliments. Quelle est la pièce dans laquelle vous êtes ? Quelle émotion y vivez-vous et quelle perception en a votre collaborateur ?*

Vous êtes dans la pièce des miroirs. Votre émotion est la gratitude envers votre collaborateur. Pourtant il vous perçoit comme hypocrite ce qui explique qu'il ne montre aucune réaction à vos compliments. Votre gratitude a-t-elle été exprimée de façon authentique ?

Y'en a MAR, Ouvrez LES PORTES (page 190)

- *Vous réorganisez les bureaux afin d'accueillir les nouveaux entrants...*

Pièces de l'ajustement : parce que vous adorez trouver des solutions.

Pièce de l'utile : pour répondre à la demande de votre direction.

Pièce de la passion : parce que l'optimisation est votre spécialité.

Pièce des libertés : parce que c'est l'occasion de tout changer.

Pièces des miroirs : parce que les collaborateurs vous remercieront.

Pièce des trophées : parce que vous voulez prouver que vous êtes le meilleur pour le faire.

Pièce du soutien : parce que c'est votre mission.

Pièce de l'écoute : parce que les collaborateurs s'y sentiront mieux.

Les déplacements dans la maison des Méta-forts (page 208)

- *Quel est le déplacement qui vous semble le plus facile à réaliser ?*

Dans la configuration de cette maison, vous pouvez observer que la pièce de l'ajustement et la pièce des trophées sont fermées. Il est donc plus facile de renverser ou de traverser vers l'aile Valorisation collective ou vers la pièce des miroirs. Les questions que vous devez vous poser sont donc : ces pièces sont-elles profitables, efficaces et adaptées à votre objectif ? Si vous visez la pièce de l'ajustement et des trophées, comment y entrer sans dépenser trop d'énergie ?

BIBLIOGRAPHIE

Michaël Apter – *Le Renversement psychologique*, interéditions, Malakoff, 2015.

Ana-Léa Bey – *Sortie de crises, Récit d'une victoire sur les Crises Non Épileptiques Psychogènes (CNEP)*, Autoédition Amazon, 2022.

Boussad Addad – *L'Encyclopédie des biais cognitifs*, Autoédition Amazon, 2022.

Gérard Collignon – *Comment leur dire…*, 3e éd., interéditions, Malakoff, 2024.

Denis Kaplan – *Le Management, une activité artistique*, Gereso Éditions, Le Mans, 2024.

Jérôme Lefeuvre et Pierre Agnèse – *Déjouer les pièges de la mauvaise foi et de la manipulation*, 3e éd., interéditions, Malakoff, 2021.

Albert Moukheiber – *Votre cerveau vous joue des tours*, Éditions Allary, Paris, 2019.

REMERCIEMENTS

Derrière chaque projet, il y a de l'humain. Certains m'ont aidé à réaliser, d'autres m'ont supporté ou inspiré. Je remercie du fond du cœur chacun d'eux et leur ouvre volontiers les portes de ma maison des Méta-forts.

Un immense merci à Ana-Léa pour son appui précieux et tout en douceur, à Marc et Hélène pour nos brainstormings remplis de sourires et d'efficacité, à Bruno pour avoir réalisé la première maquette informatique du Selfie-coach, à Alex pour en avoir fait un outil finalisé et opérationnel, à Caroline pour avoir accepté que je m'enferme dans ma grotte pour écrire ce livre.

Et mille mercis à Solal, Maël, Alizée, Allison, Dominique, Catherine, Yannick, Emanuela, Alexandre, Michaël, Stéphanie, Martine, David, Laëtitia (× 2), Pascal, Christophe, Morgan, Olga, Denis, Hayat, Jean-Pierre, Christine, Pierre, Jean-Claude, Carole, Alain, Sylvie, Ghalia, Herminia, Nathalie, Vincent, Corinne, Jérôme, Mégane, Sandrine, Adriana, Lucas, Elodie. J'en oublie certainement !

Chacun d'eux a contribué à ce que ce livre existe et que le Selfie-coach apporte des solutions à ceux qui veulent devenir l'architecte de leur état d'esprit.

TABLE DES MATIÈRES

Partie II

Comment habitez-vous votre maison des Méta-Forts

Partie III

Y'en a MAR, Ouvrez LES PORTES

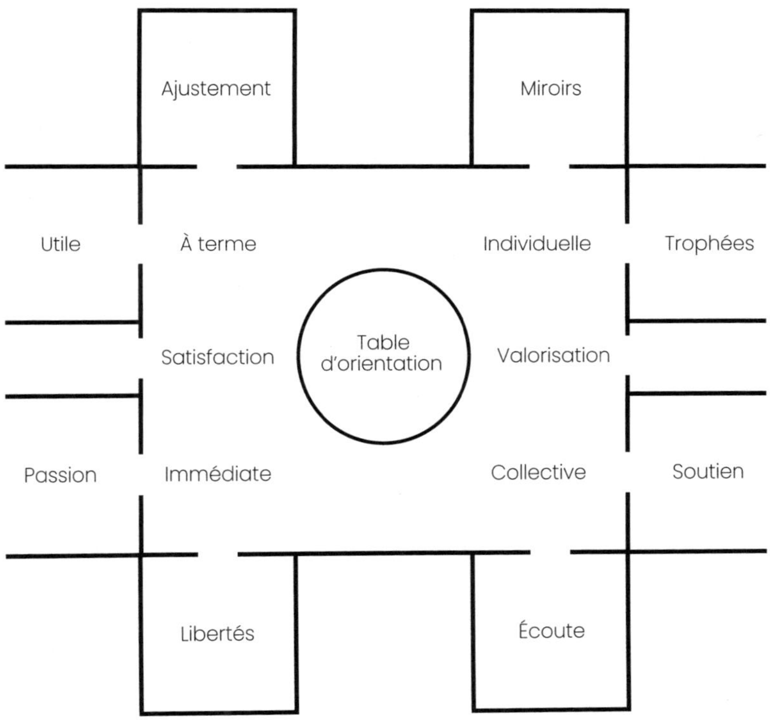
Ajustement
Miroirs
Utile
À terme
Individuelle
Trophées
Satisfaction
Table d'orientation
Valorisation
Passion
Immédiate
Collective
Soutien
Libertés
Écoute

962478 - (I) - COR 80° - KEP - BTT

DUPLIPRINT
733, rue Saint-Léonard, 53100 MAYENNE
N° 2996212S
Dépôt légal : février 2025

Imprimé en France